ITALIANI DI CHIESE E PROCESSIONI
A MONTRÉAL

GUERNICA WORLD EDITIONS 42

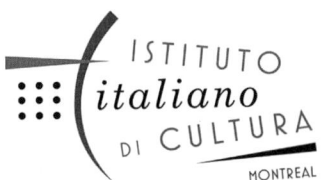

We acknowledge the financial contribution of the Istituto Italiano di Cultura di Montréal

Italiani di Chiese e Processioni a Montréal

Curato da/edited by Francesco D'Arelli
Andrea Paolella, *fotografo*

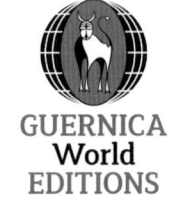

GUERNICA
World
EDITIONS

TORONTO—CHICAGO—BUFFALO—LANCASTER (U.K.)
2021

Michael Mirolla & Connie McParland, general editors
Francesco D'Arelli, editor
Cover design: Allen Jomoc Jr.
Interior layout: Jill Ronsley, suneditwrite.com
Cover Image: *Chiesa Madonna della Difesa*, Andrea Paolella
Church and procession images: Andrea Paolella
Organo-Massimo Rossi image: From the Massimo Rossi collection,
Photographer unknown

Guernica Editions Inc.
287 Templemead Drive, Hamilton (ON), Canada L8W 2W4
2250 Military Road, Tonawanda, N.Y. 14150-6000 U.S.A.
www.guernicaeditions.com

Distributors:
Independent Publishers Group (IPG)
600 North Pulaski Road, Chicago IL 60624
University of Toronto Press Distribution (UTP)
5201 Dufferin Street, Toronto (ON), Canada M3H 5T8
Gazelle Book Services, White Cross Mills
High Town, Lancaster LA1 4XS U.K.

First edition.
Printed in Canada.

Legal Deposit—Third Quarter
Library of Congress Catalog Card Number: 2021938027

Library and Archives Canada Cataloguing in Publication
Title: Italiani di chiese e processioni a Montréal / Andrea Paolella, Francesco D'Arelli.
Names: Paolella, Andrea, 1984- editor, photographer. | D'Arelli, Francesco, editor.
Series: Guernica world editions ; 42.
Description: Series statement: Guernica world editions ; 42
Identifiers: Canadiana 20210206233 | ISBN 9781771836883 (softcover)
Subjects: LCSH: Catholic church buildings—Québec (Province)—Montréal. | LCSH: Catholic church buildings—Québec
(Province)—Montréal—Pictorial works. | LCSH: Processions, Religious—Catholic Church—Québec (Province)—Montréal.
| LCSH: Processions, Religious—Catholic-Church—Québec (Province)—Montréal—Pictorial works. | LCSH: Montréal
(Québec)—Church history. | CSH: Italian Canadians—Religious life—Québec (Province)—Montréal. | CSH: Italian
Canadians—Religious life—Québec (Province)—Montréal—Pictorial works.
Classification: LCC NA4828 .I83 2021 | DDC 726.509714/28—dc23

INDICE

Prefazione 1
    Silvia Costantini, *Console Generale d'Italia a Montréal*

Italiani di chiese e processioni a Montréal 3
    Francesco D'Arelli, *Istituto Italiano di Cultura di Montréal*

Preistoria di Anna 7
    Gabriele Giannini, *Université de Montréal*

Maria Regina del Mondo, Cattedrale di Montréal 11
    Matteo Soranzo, *McGill University*

La Jelsi di Montréal: la festa della festa 15
    Claudio Antonelli

L'orma di sant'Adamo 18
    Filippo Salvatore, *Concordia University*

Parrocchie e missioni italiane nell'Arcidiocesi di Montréal 22
    P. Giuseppe Fugolo, C.S.

The architectural expression of the churches 29
    Guglielmo D'Onofrio

L'Organo della Chiesa Madonna della Consolata 35
    Massimo Rossi

Tra il ciondolo a croce della nonna e la nostalgia di casa: frammenti di religione
    vissuta e italianità a Montréal 38
    Valentina Gaddi

Verso casa 42
    Andrea Paolella

Prefazione:

Silvia Costantini

Console Generale d'Italia a Montréal

Tra le diverse confessioni dell'esperienza cristiana, il cattolicesimo ha rappresentato un elemento distintivo della presenza europea in Nord America, specialmente in Canada e ancor più in Québec.

L'iniziale azione dei missionari e il successivo stabile insediamento dei luoghi di culto hanno accompagnato anche il processo migratorio della comunità italiana fino alla metà del XX secolo, costituendo per le/gli emigranti la principale forma di assistenza sociale. L'apostolato religioso è stato affiancato da una notevole opera a favore della trasmissione della lingua e della cultura d'origine, grazie alla creazione di una fitta rete sociale, artefice naturale della tutela dell'identità. L'edificazione stessa dei luoghi di culto ha comportato la distribuzione della popolazione di origine italiana in determinate aree della metropoli, favorendone la concentrazione intorno alle parrocchie. Tra le prime ad essere erette, la Chiesa Madonna del Monte Carmelo (1905), prima chiesa italiana a Montréal e in Canada, seguita, nel 1918, dalla Chiesa Madonna della Difesa. Intorno a quest'ultima si è agglutinata la storia della comunità italiana a Montréal, nella "Piccola Italia", con la costruzione anche della "Casa d'Italia", delle scuole parrocchiali e dei primi Circoli sociali italiani.

L'identità italiana ha avuto modo di esprimersi anche con il contributo di artisti di origini italiane all'edificazione dei luoghi di culto, a Montréal come in tutto il Canada, quali in particolare Guido Nincheri, Guido Casini, Federico Sciortino, Walter Del Mistro.

L'apporto di Guido Nincheri (Prato 1885–Providence, RI, USA 1973) alla scena artistica montrealese e nordamericana è considerevole, non solo per il contributo alla diffusione di tecniche quali la lavorazione del vetro e la pittura a fresco, ma soprattutto per la realizzazione di capolavori riconosciuti d'importanza storica nazionale. La sua opera spazia principalmente nel campo dell'arte religiosa, che l'artista fiorentino ha arricchito con la progettazione e la decorazione di edifici di culto a Montréal, Ottawa, Toronto, Vancouver, Edmonton. Esempio della sua poliedricità ed eccellenza è la Chiesa di Saint-Léon a Westmount, nella quale si condensano l'estro e la padronanza tecnica nell'ambito dell'architettura d'interni e dell'arte decorativa.

In definitiva, il dialogo delle istituzioni con le comunità religiose si inserisce nel solco di una secolare tradizione di reciproco rispetto e accettazione della pluralità di culto, fenomeno diffuso che rispecchia la variegata composizione sociale e il multiculturalismo: la cifra distintiva del vibrante tessuto socio-culturale della *Belle Province*.

Italiani di chiese e processioni a Montréal

Francesco D'Arelli

Direttore dell'Istituto Italiano di Cultura di Montréal

Italiani d'America, Italiani del Canada, Italiani del Québec, Italiani di Montréal…: eppure qualcuno ha smarrito negli anni la propria originaria identità, non certo volutamente, ma solo per quel ricorrente miracolo della storia che crea e ricrea, a volte incurante delle origini e più disposta invece a stingere nomi, gesta, azioni, tempi, perché alla fine quel che conta è che tutto possa preservarsi per il vantaggio esclusivo della memoria. Così è stato, ad esempio, per chi approdò, forse primo alla fine del XV secolo, su queste coste orientali, inimmaginabili e remote, del Canada: Giovanni Caboto, italiano e veneziano, più noto da queste parti come John Cabot o Jean Cabot.

Italiani di chiese e processioni a Montréal è un libro che aiuta, invece, a preservare e tramandare la memoria di un'attitudine religiosa italiana, in particolare quella degli Italiani montrealesi del nostro tempo, illustrata vividamente dalle foto di Andrea Paolella, chimico di talento e di ricerche al Centre d'excellence en électrification des transports et en stockage d'énergie d'Hydro-Québec (Varennes). L'idea si originò alla fine del 2017 nella fucina dell'Istituto Italiano di Cultura di Montréal e fu subito interpretata e plasmata da Andrea Paolella, sostenuto mirabilmente da padre Pierluigi Paternieri e dalla collaborazione vitale della Chiesa Madre dei Cristiani, guidata da padre Giuseppe Fugolo della Congregazione dei Missionari di S. Carlo Borromeo o Scalabriniani. Andrea fu allora in compagnia della sua sola instancabile, minuta e leggera Nikon FM2, carica sempre di pellicole in bianco e nero 400 TMax, senza mai servirsi del flash per rispetto sommo dei luoghi, delle persone e del silenzio del culto. Il suo viaggio cominciò nell'agosto del 2018, in occasione della processione della Madonna dell'Assunta, atto rituale della Chiesa Madonna della Difesa, e giunse a compimento nel gennaio 2020, ritraendo la Chiesa dell'Annunziata. Fu un altro viaggio, desiderato lungo e ricco di soste, immaginato come tanti e ripetuti ritorni a casa, perché Andrea sogna sempre di "tornare a casa", sogna sempre le strade, le luci, la mamma della sua casa. Non è un sentimento di nostalgia, né l'esausta rassegnazione, ma tornare è per Andrea aria da respirare: "Io sono – scrive – un pioppo sradicato da un argine del Po e portato in Canada. Tutto intero, con le radici, il nido delle rondini, l'odore della nebbia. Voglio solo ritornare a quella terra. I portici, l'Emilia. La mia dolce Emilia".

Tornare a casa è come tornare alla propria terra, il ventre beato, dolce, soave, che accoglie magnanimamente, tanto le nefandezze che le sublimi beatitudini. La terra, la propria terra, è per ognuno l'elemento più umano, la fonte da cui si nasce, la materia in cui inabissarsi o da cui elevarsi al cielo. Da secoli poeti, filosofi, scrittori, artisti… cantano le virtù della Terra, madre universale e antenata, che generosamente nutre sul proprio corpo tutto ciò che è vita, sì da poterla donare e sottrarre a piacimento. È la Terra in definitiva la sola Grande Madre, giacché tutto quello che è sulla terra vive insieme, forma e palpita come una grande unità. Ognuno ha e reca ovunque la propria terra, la propria casa, che è forza silente e tenace di ogni viaggio, sia del corpo che dell'immaginazione. E la propria terra non è mai scelta, ma è indissolubilmente assegnata! La Terra è la madre sublime, è mutevolmente viva e fertile, genera dalla propria sostanza tutte le forme viventi, sicché tutto ciò che discende dal suo grembo è ricolmo di vita e tutto quello che vi torna è nutrimento della stessa vita. Si intende così anche meglio il desiderio, a volte spasmodico, di essere sepolti nel proprio suolo patrio, che è in fondo un ritorno alla propria terra, un'inconsapevole attesa di rinascita, di rigenerazione, di purificazione.

E i santi, le processioni, le chiese degli Italiani di Montréal sono le tracce più intime della propria terra, della propria casa, dei propri sentimenti nel mondo. Forse degli Italiani d'un tempo, quelli ancora toccati dal fervore genuino e semplice delle credenze e dei culti della propria confessione religiosa, che ancora, sempre più sparuti, continuano ad animare quei luoghi di presenze sacre e di gesta rituali. Forse è la condotta di tutti gli emigranti: lasciare una parte di sé, la più indistinta, il germe sospinto alla nascita, nella propria terra, nel proprio paese, nella propria casa, quasi fosse un'ombra irriconoscibile e immobile, in attesa perenne o sino all'approssimarsi del suo corpo per liberarsi e svanire definitivamente. Vito Teti, sublime cesellatore dell'anima, ebbe a scrivere, con l'impeto dell'immaginazione: "Non si resta o si fugge. Si resta e si fugge. Non si sta fermi o si viaggia. Si sta fermi e si viaggia. Non si abbandonano i paesi o si resta nei paesi. Si abbandonano i paesi e si resta nei paesi" (Vito Teti, "Il mio paese è Toronto", in Francesco Loriggio e Vito Teti (a cura di), *A filo doppio. Un'antologia di scritture calabro-canadesi*, Roma 2017, p. 297). Dalle immagini di Andrea si rivelano i paesi del vecchio mondo, fatti anche a Montréal di soli vecchi, dove i figli gentili, istruiti e di successo degli Italiani sembrano quasi e dappertutto assenti, estranei alla terra d'origine dei loro antenati. Una lontananza che diviene stridore di sentimenti e costumanze proprio nelle feste religiose. La senescenza di questa Italia è di certo il riflesso più fedele, immediato e lucido dell'Italia abbandonata, lasciata anche per sempre! Invero, un altro mondo, ricreato e plasmato epicamente oltre-oceano con la stessa materia e con la semplicità delle stesse mani: feste, riti, processioni, tavolate, musica, gioie, disperazioni, affanni… e sempre il desiderio immutabile, discreto o finanche obliato di tornare, proprio come quello di Andrea!

Italiani di chiese e processioni a Montreal non è una storia o uno studio, ma uno dei tanti sentieri, dove ancora è visibile il contorno di alcune impronte, perché il viaggio, il movimento, "Il camminare – scrive sempre Vito Teti – acquista un senso anche in relazione alle strade, ai luoghi, alle abitazioni (…). La processione esprime il bisogno che tante storie di spaesamento, estraniamento, nostalgie, fallimenti, successi, dispersione – quelle dei padri, ma anche quelle dei figli – trovino una collocazione e un centro nel nuovo mondo. Nello stesso tempo afferma una sorta di presenza nei luoghi, una forma di appressamento nella diversità, il bisogno di centro e di non *perdersi* nella nuova realtà" (Teti, "Il mio paese è Toronto", *cit.*, p. 317). Un nuovo mondo che all'inizio fu avverso anche per la lingua, tanto che le parlate dei singoli paesi d'origine divennero àncora e bastione della propria identità, più di quanto lo stesso italiano, spesso ignorato, potesse assicurare con il blasone della tradizione letteraria. Riaffiorano alla mente, *mutatis mutandis*, e fra tante vite e opere passate lungo queste terre, anche i lamenti del gesuita italiano Francesco Giuseppe Bressani (1612-1672), missionario fra gli Uroni delle terre del Québec dal 1642 al 1650 e autore della *Breve relatione d'alcune missioni de' PP. della Compagnia di Giesù nella Nuova Francia* (Macerata 1653). Tra le innumeri difficoltà patite dalle missioni in queste lande dell'America del Nord o della Nuova Francia, torna ancora l'assillo dell'apprendimento delle lingue dei nativi, che "non sapendo essi pronunciare alcuna lettera labiale, come sono il B, F, L, M, P (…), consonanti non potevano imparare le nostre lingue, che ne sono piene al contrario delle loro" (*Breve relatione*, *cit.*, p. 54). Tuttavia, la vita quotidiana e materiale di quel tempo era davvero ardua, tanto da essere a volte insostenibile. Come quando, Bressani riferiva un lungo passo da un'epistola del confratello Paul Le Jeune, Superiore delle missioni del Québec e Procuratore a Parigi dei gesuiti del Canada. I fatti narrati da Paul Le Jeune accaddero fra novembre 1633 e aprile 1634, mesi in cui la violenza dell'inverno fu inaudita e implacabile, tanto che leggere alcuni passaggi di tal epistola restituisce tuttora all'impresa delle missioni un'aura indubbiamente epica: "Habbiamo fatto in questi gran boschi (…) 23 stationi, parte in profondissime valli, parte in monti altissimi, e parte in paese piano, sempre però tra la neve, e ne' boschi, popolati per lo più di pini, cedri, et abeti. Habbiam passato gran quantità di torrenti, alcuni fiumi, e molti laghi, e stagni agghiacciati. Ecco come alloggiavamo. Facevamo una gran fossa nella neve, nella quale piantavamo 30 o 40 pertiche, che si pigliavano nel bosco, e servivano per sostentar le scorze, che ci formavano una capanna, chiusa da qualche vecchia pelle, che ci serviva di porta, e che haveva per lastrico qualche ramo di pino. Non si può in queste capanne stare in piedi, non solo per la loro bassezza, ma principalmente per il fumo, che ci obliga sempre a giacere. Se ne uscite, la neve, il freddo, e il pericolo di svenirsi vi ci fanno quanto prima ritornare, e vi tengono in una libera, ma assai stretta prigione, che ha tra l'altre, quattro assai sensibili incommodità, il freddo, il caldo, il fumo, et i cani. Quanto al freddo, la testa tocca quasi la neve, se qualche ramoscello di pino non ve ne difende. I venti entrano da per tutto, oltre un'apertura assai grande in cima della capanna, che serve per camino, e fenestra, donde dormendo la notte contemplavo le stelle, e la luna, sì bene, che fatto havrei in un'aperta campagna. Non mi ha però il freddo così mal trattato come il caldo del fuoco, il quale s'estingueva la notte, quando era più necessario, ma il dì nel suo più grand ardore c'arrostiva, né difender me ne potevo per la strettezza dello spatio, nel quale non potevo stendermi senza metter i piedi nel fuoco; e star sempre ristretto con i piedi incrociati, è un sito, che stracca. (…). Ma un tormento più grande del caldo, e del freddo, e del sito, è il fumo, che cava continuamente le lagrime da gli occhi senza alcun dolore, è tristezza di cuore. Eravamo spesso costretti di metter la bocca a terra per respirare. Bisognava mangiar quasi la terra per non bever il fumo. Ho passato così molte hore, massime ne' gran freddi, e mentre nevigava. (…) O che beveraggio amaro, o che vapor fastidioso alla vista, o che cattivo odore. Pensai perderci gli occhi, mi s'infiammavano come fuoco, e stillavano come un lambicco, non vedevo se non confusamente, come quel cieco dell'Evangelio, *homines velut arbores ambulantes*, dicevo i Salmi dell'Offitio al meglio, che potevo a mente, riservando le lettioni per quando il dolore mi darebbe un po' di tregua. Mi parevano scritte con lettere di fuoco, o di scarlatto, et ero sovente sforzato di chiuder il libro, non vedendovi più altro, che confusione; né mi dite dovevate uscire a pigliar un po' d'aria. L'aria in quei tempi era sì fredda, che gli alberi, che han la pelle più dura di noi, e più duri corpi non gli potevano resistere, spaccandosi con un strepito simile a quello de' moschetti. Uscivo con tutto ciò, ma la neve, e il freddo, per coperto, che fussi, mi costringevano subito di rientrare nella capanna. Non so se deva lamentarmi del quarto disaggio, ch'è la compagnia de' cani, perche alle volte mi hanno servito, ma non senza ricompensa dal canto mio. Questi poveri animali non potendo resistere al freddo, venivano a mettersi hora su le mie spalle, hora sopra i piedi, e non havendo altro, ch'una sola coperta, non negavo loro parte di quel caldo, che da essi ricevevo, è ben vero, ch'essendo grandi, et in gran quantità, mi premevano spesso, e m'importunavano tanto, che dandomi un po' di caldo, mi rubbavano il sonno, onde bisognava, che spesso li licentiassi" (*Breve relatione*, cit., pp. 55-57). E tutto ciò in quel tempo – fra tantissime pene e solo qualche barlume di gioia – si elevava sempre ed esclusivamente *ad gloriam Dei*!

Preistoria di Anna

Gabriele Giannini

Université de Montréal

Chiunque attraversi la molteplice realtà della religiosità e della cultura italiane a Montréal è colpito, per le statue che ornano le chiese, per i patroni eletti dalle società di benefattori, per i santi portati in processione, per i nomi dei luoghi consueti della vita della comunità, etc., dalla presenza mite e familiare, ma costante, della madre della Vergine, sant'Anna. Il fatto non stupisce, ché la devozione ai membri della Sacra Famiglia è un carattere strutturante della spiritualità ridefinita dal Concilio di Trento (1545-1563), ancor oggi pulsante, e considerato che Anna ha offerto agli artisti dell'età moderna un tema iconografico tra i più cari e sfruttati. Il fenomeno si sovrappone perfettamente al giubilo che suscita la figura nella devozione secolare della comunità francofona di Montréal e del Québec: non si contano qui le strade, i comuni, le chiese, i collegi, i nomi di religiose, etc. dedicati ad Anna, fino al santuario di Sainte-Anne-de-Beaupré, alle sue reliquie della santa e alle folle di pellegrini che richiama ogni anno. Paradigma di una maternità dapprima sofferta e poi gioiosa, quindi alfiere dell'educazione di figli e nipoti, Anna risveglia in ciascuno un nodo complesso ma tenero di immagini, ricordi e trasposizioni. Ma quando e perché sorge questa dolce figura, ancora oggi così familiare?

Nei Vangeli non v'è traccia di Anna (né di Gioacchino). Eppure, la sua figura si manifesta pienamente già nel II secolo d.C., in seno ad un testo apocrifo, influente e a tratti bellissimo, il *Protovangelo di Giacomo*, che è all'origine della sua fortuna secolare. La brusca innovazione ha profonde radici nei dubbi e nei dibattiti che attraversarono e scossero i primi tempi del Cristianesimo. Nel momento in cui Gesù cominciò ad essere visto non solo come un essere umano, ma anche come un essere divino, i problemi sollevati dal suo concepimento e dalla sua nascita si fecero pressanti. La ragione è semplice: nella mentalità antica di area mediterranea, il concepimento tramite lo

7

sperma e la nascita nel sangue sono realtà totalmente incompatibili con la divinità; inoltre, una sensibilità marcata dal pensiero filosofico greco trova la carne quanto di più sospetto si possa immaginare in relazione alla divinità. Per aggirare queste difficoltà, il Cristianesimo primitivo ha elaborato un'ardita dottrina, quella della verginità perpetua di Maria: verginità *ante partum* – Gesù è stato concepito per opera dello Spirito Santo –, verginità *in partu* – Maria ha dato alla luce Gesù mantenendo intatta la sua verginità –, verginità *post partum* – Maria non ha avuto alcun rapporto sessuale dopo la nascita di Gesù. È, questa, la dottrina esposta nel *Protovangelo di Giacomo* e legittimata, dopo lunghe e aspre discussioni, al II concilio di Costantinopoli (553) e al sinodo riunito in Laterano nel 649. Per inciso, questa dottrina non va confusa con la devozione per quella che verrà poi chiamata l'Immacolata Concezione di Maria, cioè l'opinione, a lungo avversata, secondo cui al momento del suo concepimento a Maria è stato risparmiato il peccato originale, che tocca in sorte a ogni essere umano al principio della vita.

Tuttavia, una difficoltà di un certo peso rimaneva: questa dottrina fondamentale contraddice l'esistenza storica dei fratelli e delle sorelle di Gesù, che i Vangeli ricordano a più riprese e che gli studiosi giudicano altamente probabile: *Matteo* 13 e *Marco* 3 e 6 affermano che Gesù ha avuto dei fratelli e delle sorelle e ne nominano quattro (Giacomo, Giuseppe, Simone e Giuda); san Paolo, nella *Lettera ai Galati*, chiama esplicitamente Giacomo, incontrato di persona a Gerusalemme, "il fratello del Signore". La difficoltà ha travagliato esegeti, teologi e apologeti a partire dal II secolo, fino a che san Girolamo non ha espresso, all'inizio del capitolo II del suo *De viris illustribus* (393), l'opinione destinata a divenire la posizione ufficiale della Chiesa: il Giacomo chiamato fratello di Gesù da *Matteo* 13, 55 e *Marco* 6, 3 sarebbe in realtà un semplice cugino, figlio di una sorella della Vergine che portava anch'essa il nome di Maria e che figura tra le donne che assistono alla Crocifissione, secondo *Giovanni* 19, 25.

Il successo che arrise a questa soluzione non deve stupire, poiché essa presentava il notevole vantaggio di conservare al tempo stesso la verginità perpetua di Maria e la continenza che ci si attendeva da Giuseppe. Ancora oggi, il *Catechismo della Chiesa Cattolica* (<http://www.vatican.va>) professa con molta chiarezza questa stessa dottrina, riassunta negli articoli 499, ove si tratta della "verginità reale e perpetua di Maria", e 501, la cui proposizione iniziale stabilisce che "Gesù è l'unico Figlio di Maria". Dal canto suo, l'articolo 500 fuga le perplessità che le testimonianze evangeliche potrebbero far sorgere nel fedele:

> *A ciò si obietta talvolta che la Scrittura parla di fratelli e di sorelle di Gesù [...]. La Chiesa ha sempre ritenuto che tali passi non indichino altri figli della Vergine Maria [...]. Si tratta di parenti prossimi di Gesù, secondo un'espressione non inusitata nell'Antico Testamento.*

La sottile interpretazione di san Girolamo non impedì il fiorire di speculazioni intorno alla famiglia e al parentado di Gesù, sui quali, si sa, gli scritti canonici sono poco precisi e piuttosto riservati. La figura centrale di questa efflorescenza fu Anna, la madre della Vergine promossa al proscenio, ancora una volta, dal *Protovangelo di Giacomo*, dove si legge il racconto apocrifo della sterilità della coppia che Anna forma con Gioacchino, del doppio messaggio angelico e della nascita tardiva di Maria. Venerata a Costantinopoli e poi a Roma tra VI e VIII secolo, Anna poté così divenire la matriarca di un'estesa famiglia nella quale delle pie donne chiamate Maria, identificate con poca chiarezza negli scritti evangelici, e dei parenti di Gesù trovano il loro posto, senza contraddire il dogma della verginità *post partum* di Maria.

La prima attestazione della leggenda del triplice matrimonio di Anna si legge, sembra, nell'*Epitome historiae sacrae*, un compendio dell'*Historia ecclesiastica* di Eusebio di Cesarea (secondo la versione consegnata da Rufino) che contiene un gran numero di sviluppi indipendenti e che si tende ad attribuire all'esegeta benedettino Aimone di Auxerre, attivo intorno alla metà del IX secolo. Nel secondo libro dell'*Epitome*, allorché ci si interroga sulla figura di Giacomo e sulla questione della sua parentela con Gesù, è proposta una vera e propria costruzione genealogica che, grazie al recupero delle due pie donne, chiamate Maria, che assistono alla Passione – la *Maria Cleophae* di *Giovanni* 19, 25 e la Maria moglie di Zebedeo menzionata da *Matteo* 27, 56 –, produce un quadro familiare coerente:

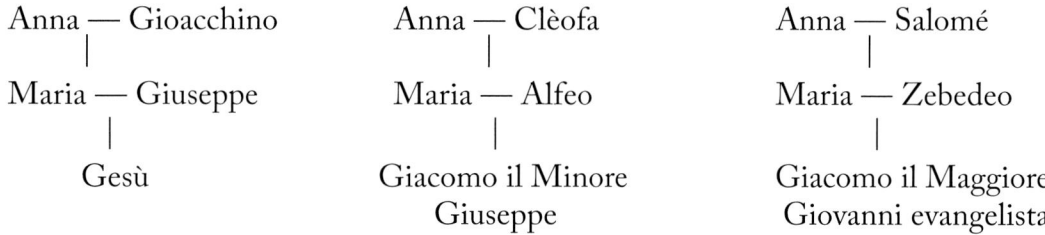

Per osservare la legge mosaica, che impone alla vedova di risposarsi rapidamente, Anna avrebbe contratto altri due matrimoni dopo la morte di Gioacchino e da ciascuno di essi avrebbe avuto una figlia, chiamata Maria in onore di colei che sarebbe divenuta la madre di Dio. La Vergine si vede pertanto fornita di due sorellastre (o sorelle di madre) che portano il suo stesso nome e Gesù di cugini che costituiranno i pilastri del nascente Cristianesimo.

Nonostante il suo carattere temerario, l'operazione genealogica ebbe successo in Occidente e, fin dall'XI secolo, furono composti numerosi, brevi testi latini, in versi o in prosa, sul *Trinubium Annae*, cioè sul triplice matrimonio di Anna. Questi testi circolavano in maniera indipendente, spesso trascritti in coda alle raccolte di sermoni in onore della Vergine o inseriti nelle miscellanee di apocrifi sulla vita di Maria e l'infanzia di Gesù. Il successo immediato della leggenda si misura osservando come essa fu rapidamente accolta tanto nelle opere esegetiche maggiori del XII secolo (ad esempio, in quella di Pietro Lombardo sulle epistole paoline) quanto nelle grandi compilazioni dei secoli XII-XIII, nell'*Historia scolastica* di Pietro Comestore come nella *Legenda aurea* di Jacopo da Varazze. E come tutte le innovazioni baciate dal successo, la leggenda attirò le critiche: intorno al 1166-1167, un breve trattato in forma epistolare, indirizzato al conte di Champagne da Erberto di Bosham, intellettuale inglese che fu fedele collaboratore di Tommaso Becket, definisce il *Trinubium Annae* un'invenzione pericolosa e, nel secolo seguente, si susseguono gli scritti, specie di parte domenicana, decisi a difendere la tesi della vedovanza di Anna dopo la morte di Gioacchino.

La fortuna della leggenda è strettamente connessa alla sua capacità di dipanare una trama coerente di relazioni familiari, trama che costituisce un solido fondamento, accessibile anche a strati non colti della comunità cristiana, per comprendere il concepimento e la nascita di Maria. Aggiungiamo la valorizzazione della santità dell'ascendenza materna di Gesù, la raccomandazione implicita del matrimonio e della maternità, infine la configurazione di un modello cristiano di famiglia matriarcale: avremo così lo zoccolo devozionale del trionfo del culto di Anna che caratterizzò la fine del Medioevo (secoli XIV-XV) e culminò nella creazione della festa di sant'Anna (26 luglio) ad opera del papa, naturalmente francescano, Sisto IV (1481). Poco prima che, all'inizio del XVI secolo, violente polemiche investissero questa devozione che si esprimeva anzitutto attraverso l'iconografia e l'adorazione delle immagini e che, alla metà dello stesso secolo, il culto venisse rilanciato dai padri tridentini e consegnato fino a noi, fino alle nostre chiese e strade del Nordamerica.

BIBLIOGRAFIA

Burnet Régis, *Les douze apôtres. Histoire de la réception des figures apostoliques dans le christianisme ancien*, Turnhout 2014.

Craveri Marcello (ed.), *I Vangeli apocrifi*, Torino 2014.

Förster Max, "Die Legende von Trinubium der hl. Anna", *Probleme der englischen Sprache und Kultur. Festschrift Johannes Hoops zum 60. Geburtstag* überreicht *von Freunden und Kollegen*, Heidelberg 1925, pp. 105-130.

Mimouni Simon Claude, *Jacques le Juste, frère de Jésus de Nazareth, et l'histoire de la communauté nazoréenne / chrétienne de Jérusalem du Iᵉʳ au IVᵉ siècle*, Montrouge 2015.

Wirth Jean, *Sainte Anne est une sorcière et autres essais*, Ginevra 2003.

Maria Regina del Mondo, Cattedrale di Montréal

Matteo Soranzo

McGill University

Immersa nel traffico del centro e incastonata fra moderni edifici commerciali, la Cattedrale di Maria Regina del Mondo presenta uno degli spettacoli architettonici più insoliti e affascinanti di Montréal. Dalla cupola alle statue sul cornicione, dalla facciata fino al baldacchino posto sopra l'altare, la cattedrale è una replica estremamente dettagliata della Basilica di San Pietro a Roma. Assieme alla Chiesa del Gesù, altra replica dell'omonimo edificio romano posto a pochi isolati di distanza, la Cattedrale montrealese è un rarissimo esempio di architettura rinascimentale in Nord America. Costruita nella seconda metà dell'Ottocento a seguito dell'incendio che, nel 1852, distrusse la Cattedrale di Saint Jacques situata su Saint Catherine, Maria Regina del Mondo lascia incuriositi e perplessi. Perché riproporre il simbolo della Santa Sede proprio in Québec? E perché ridare vita al tardo Rinascimento italiano, quando il volto architettonico del cristianesimo nordamericano era omogeneamente neogotico?

Gli studiosi hanno dato risposte diverse a questi quesiti. La Cattedrale, in effetti, sembra rivaleggiare con la ben più antica e famosa Basilica di Notre-Dame. Il contrasto tra i due edifici conferisce una forma visibile all'antica competizione tra la diocesi di Montréal e la Compagnia dei preti di San Sulpizio, un tempo signori della città. Posta ai limiti occidentali della Montréal di lingua francese, inoltre, la Cattedrale contrasta con il neogotico di Christ Church, la cattedrale anglicana ubicata tra Union e Robert Bourassa, materializzando pertanto l'intreccio tra scelta linguistica e confessione religiosa che per secoli ha scandito la storia cittadina. Nell'additare Roma come capitale della Cristianità, infine, la Cattedrale è un simbolo dell'Ultramontanismo che sarebbe culminato nel 1870

11

con il Concilio Vaticano I e che era particolarmente vivo tra i cattolici canadesi di lingua francese. Al centro di interpretazioni e contesti tanto diversi, tuttavia, si ritrova sempre la figura di un uomo che, spesso in disaccordo con i suoi contemporanei, per tutta la sua lunga carriera si impegnò per la costruzione del curioso edificio. Maria Regina del Mondo, infatti, è la materializzazione delle visioni, speranze e ansie di Ignace Bourget (1799-1885), vescovo della diocesi di Montréal, di cui ancora oggi ospita le spoglie mortali.

Non è possibile rievocare in poche parole un personaggio complesso come Bourget. Originario di Lévis, una piccola cittadina nelle vicinanze di Québec, ordinato prete a soli ventitré anni, Bourget intervenne nella vita religiosa e culturale del Québec a tutti i livelli. In ottimi rapporti con Papa Pio IX, che incontrò più volte a Roma durante la sua carriera ecclesiastica, Bourget riuscì ad ottenere l'appoggio della Santa Sede in un progetto di riorganizzazione della diocesi di Montréal. Oltre a ridurre le dimensioni della parrocchia di Notre-Dame, tradizionalmente gestita dai Sulpiziani, Bourget fu personalmente coinvolto nella fondazione dell'Université Laval e della sua succursale montrealese, il Grand Séminaire di Montréal. Fu tuttavia a causa del suo profondo interesse per la vita sociale e culturale della sua diocesi che Bourget venne a confrontarsi, spesso in maniera angosciata e polemica, con quell'insieme di forze culturali eterogenee discusse nelle sue lettere pastorali, e generalmente percepite come una minaccia. Come il *Syllabus Errorum* pubblicato nel 1864 durante il papato del suo amico Pio IX, gli scritti di Bourget sono l'opera di un individuo che avvertiva il mondo moderno come un luogo pericoloso e animato da forze diaboliche, che si manifestavano nel liberalismo, ateismo, razionalismo e relativismo dei suoi contemporanei.

Camminare lungo la navata centrale di Maria Regina del Mondo con in mente gli scritti di Bourget è un'esperienza di indubbio fascino. Gli ambienti della Cattedrale sono decorati con le storie di Marguerite Youville, Jean Brebeuf, Nicolas Veil, Jeanne Mance e altri eroi del cristianesimo canadese. Le forme rinascimentali e barocche importate da Roma assegnano alle storie dei sacrifici di questi martiri e santi un'aura di eternità. La storia dell'evangelizzazione del Québec diventa parte di un disegno antico e di diffusione mondiale. Piuttosto che la replica di San Pietro, in questo senso, Maria Regina del Mondo ne diventa la continuazione in terra americana. La disposizione simmetrica delle cupole e delle cappelle laterali, l'esatta riproduzione del baldacchino di Bernini conferiscono a questa continuazione un senso di esattezza e di ordine. In contrasto con i tumulti del mondo moderno, popolato da agitatori, falsi profeti e seminatori di discordia sociale evocato negli scritti di Bourget, la Cattedrale offre una sorta di rifugio. La ripetizione di forme e cerimonie antiche sembra creare un ponte con un passato la cui sopravvivenza, agli occhi del vescovo, era in pericolo.

Per Bourget, la minaccia del mondo moderno era un fenomeno annunciato da segni precisi, che l'alto prelato continuamente denunciava nei suoi scritti e con la sua attività pastorale. Gli studiosi spesso ricordano lo scontro tra Bourget e i membri dell'Institut Canadien de Montréal, un'associazione scientifica di intellettuali laici di orientamento liberale fondata nel 1844. Oltre ad ospitare lezioni e discussioni, l'Institut, originariamente situato su rue Notre-Dame, era fornito di una ricca biblioteca, da alcuni anni conservata presso la Bibliothèque et Archives Nationales du Québec. Bourget, vescovo da appena quattro anni, nutriva enormi sospetti nei confronti dei membri e delle attività promosse da questo centro di studi. In particolare, Bourget considerava la ricca raccolta di classici dell'Illuminismo europeo conservata nella biblioteca del centro di studi come una sorta di museo degli orrori, minacciando di scomunica i cattolici che ne avessero usufruito in nome del Concilio di Trento e dell'*Indice dei Libri Proibiti*. Voltaire, Diderot e altri rappresentanti del filosofismo e razionalismo, nella prospettiva di Bourget, erano promotori di idee pericolose e diaboliche, i cui effetti andavano manifestandosi a Montréal e altrove con episodi di violenza, comportamenti immorali e persino pratiche spirituali percepite come aberranti.

In pochi oggi ricordano Alessandro Gavazzi (1809-1889), il prete italiano convertitosi al liberalismo e divenuto fervente seguace di Mazzini e Garibaldi. Durante la sua vita errabonda e avventurosa, Gavazzi passò un anno sulla East Coast Americana, predicando il suo vangelo rivoluzionario e anticlericale anche a Québec e a Montréal. Ogni volta che l'abile oratore prendeva il podio, le sue idee e la sua eloquenza scatenavano reazioni entusiaste e spesso violente. Quando Gavazzi, in una chiesa presbiteriana di Québec, si lanciò in un'arringa contro i crimini dell'Inquisizione, un gruppo di uomini attaccò l'edificio cercando di catturare l'oratore, che tuttavia riuscì a mettersi in salvo. Alcune settimane dopo, alcuni dei facinorosi inscenarono perfino un rogo, bruciando, se non Gavazzi, un fantoccio che ne era l'effige. Infuriato, come altri patrioti italiani, con Pio IX, a Montréal Gavazzi pronunciò un discorso violentemente anticattolico, che scatenò un vero pandemonio. Quando una folla di cattolici armati di spranghe e pietre sfondò le porte di Zion Church, in quella che oggi è Victoria Square, il sindaco ordinò alla polizia di aprire il fuoco sulla folla, lasciando a terra cinque persone e un numero indeterminato di feriti. Personaggi come Gavazzi ed episodi di violenza come i tumulti che ne accompagnarono la visita erano, per Bourget, sintomi di un male dilagante.

La minaccia della modernità, secondo Bourget, era annunciata dalla comparsa di nuove pratiche spirituali come quelle legate all'occultismo del tardo Ottocento. Fu proprio durante il vescovato del Bourget che si diffuse la storia delle sorelle Fox, le figlie di un pastore dello stato di New York, che, da quel che se ne scrisse, trovarono i corpi delle vittime di una serie di omicidi avvenuti nella loro casa guidate dallo spirito di un defunto. L'episodio, destinato a diventare un classico nella storia dell'occultismo moderno, ebbe risonanza mondiale. La tecnica usata dalle sorelle Fox per comunicare con l'aldilà, in particolare, diede vita ad una vera e propria mania spiritica che dalla Francia e dagli Stati Uniti si diffuse anche in Québec. Come si legge nella lettera pastorale del 1853, Bourget individuava nella diffusione di sedute spiritiche e *tables tournantes* nella sua diocesi l'effetto di un incontro aberrante tra la scienza e la tecnologia moderna, di per sé percepite come forze positive, con antiche superstizioni di ispirazione diabolica. Perdendo la fede, in sostanza, agli occhi del Bourget il mondo moderno andava abbandonandosi a pseudo rituali blasfemi e pericolosi per la salute spirituale di chi ne prendeva parte.

Nel dare forma visibile alle ansie ed alle visioni del suo fondatore, Maria Regina del Mondo ha una risonanza speciale per il visitatore italiano. Osservando la Cattedrale in dialogo con il suo fondatore, ci si trova a mettere in discussione narrazioni storiche solitamente date per scontate. La Roma evocata dalle forme solenni di San Pietro, infatti, non era per Bourget l'indistruttibile *urbs aeterna* ma un luogo vulnerabile e minacciato dalle forze di quello che il vescovo non avrebbe mai chiamato Risorgimento italiano. Al vescovo di Montréal, infatti, avvenimenti come l'evacuazione di Pio IX nel 1848 all'indomani della proclamazione della Repubblica Romana e, in generale, le Guerre di Indipendenza apparivano avvolti in sinistri bagliori apocalittici. Bourget, in particolare, interpretava l'attacco contro lo Stato della Chiesa come parte di un assalto frontale nei confronti della Cristianità. Azioni come quelle di Garibaldi, in particolare, erano per Bourget le mosse di un piano diabolico animato dal medesimo filosofismo, razionalismo e liberalismo con cui la modernità andava conquistando e corrompendo non solo la sua diocesi, ma il mondo intero.

Sui marmi silenziosi di Maria Regina del Mondo si leggono ancora i nomi di cinquecento combattenti canadesi che, nel 1868, Bourget inviò a sostegno degli Zuavi Pontifici in difesa di Roma. L'impresa oggi è poco più che una curiosità erudita, e la sua commemorazione praticamente incomprensibile. Ma è forse in queste lettere dorate che risiede la fonte del fascino insolito della Cattedrale, il solenne monumento pubblico di una storia che pubblica non divenne mai.

La Jelsi di Montréal: la festa della festa

Claudio Antonelli

Non penso che vi sia qualcuno tra gli Italiani di Montréal che non abbia mai sentito nominare Jelsi, la cittadina del Molise da cui sono emigrati in tanti. A Montréal, infatti, vi è una comunità di Jelsesi numerosa, prospera e dinamica. Eppure Jelsi è un puntino che non sempre le carte geografiche dell'Italia registrano.

In certi casi l'emigrazione produce spopolamento e si traduce quindi in una "riduzione" del luogo di partenza. Vi è il caso estremo di certi paesini ridotti ormai a gusci vuoti a causa dell'emigrazione. L'esempio di Jelsi ci dimostra invece che l'apporto degli emigrati può tradursi in un "ampliamento" dell'angolino di terra lasciato, attraverso la creazione di una nuova più ampia realtà. Mi riferisco alla nuova identità jelsese, creata dall'apporto degli Jelsesi approdati nei luoghi più lontani, ma rimasti per sempre fedeli alle proprie origini, e uniti tra loro da un'ammirevole solidarietà. È impossibile parlare oggi di Jelsi e degli Jelsesi rimasti a vivere nelle case dei padri e dei nonni senza includere la Jelsi d'oltre frontiera: la Jelsi di Buenos Aires, la Jelsi di Caracas, e soprattutto la Jelsi di Montréal. Quest'ultima – non si dimentichi – ha dato personaggi notevoli alla realtà economica e politica di questa Provincia. Tra questi mi limiterò a menzionare l'ex ministro John Ciaccia, figura maiuscola di politico per la sua grande coerenza, onestà, e la sua indiscutibile abilità.

Gli Jelsesi di Montréal, malgrado la loro riuscita integrazione, hanno sempre mostrato un profondo attaccamento alle proprie radici, che affondano nella civiltà contadina del Molise. E anche se le forme esteriori di questo mondo paesano sono in gran parte scomparse, l'anelito verso la civiltà contadina sopravvive tenace negli animi di coloro che il destino collocò in lidi lontani. Infatti, paradossalmente, il traumatico distacco dell'emigrare ha rafforzato i vincoli ideali con quella lontana realtà.

L'interscambio, vale a dire i costanti rapporti degli Jelsesi della diaspora con la cittadina lasciata, i loro frequenti ritorni, i legami familiari con i rimasti, come anche le visite all'estero dei rappresentanti delle istituzioni comunali e regionali hanno avuto come risultato che l'identità di Jelsi si è trasformata. Oggi, infatti, è impossibile considerare questa cittadina molisana senza tener conto della sua popolazione d'emigrati, che è ancora più numerosa della stessa popolazione rimasta.

Grazie al lievito di quest'amore lontano, la Jelsi geografica, determinata nel tempo e nello spazio, ha ceduto il passo ad una Jelsi "ideale", in fondo non meno reale della prima ma fatta della materia di cui sono fatte le cose dell'anima. I confini di questa minuscola località del Molise si sono infatti dilatati per includere le comunità dell'estero, unite dalla solidarietà profonda che solo può esistere tra coloro che condividono la memoria dell'irripetibile passato, così simile a quella giovinezza che non torna più.

Io m'inchino e onoro quest'amore per Jelsi, piccola patria, simbolo di tutte le nostre piccole patrie, lontane fisicamente, ma che sopravvivono in noi ingigantite dallo spirito.

L'avvenimento chiave che sancisce questa fedeltà a Jelsi è la sagra del grano, celebrata ogni anno a Montréal, l'ultima domenica di agosto, sull'esempio di quella che da tempo immemorabile si svolge a Jelsi. E da questa coincidenza di celebrazioni traspaiono il desiderio di continuità e la salvaguardia di un'identità profonda.

LA FESTA DELLA FESTA

Il cielo è sereno, spira un venticello tiepido. La processione, partita dalla chiesa, si snoda al suono della banda tra i fedeli festanti. Sul manto della statua di sant'Anna, regina della festa, si accumulano le offerte sotto forma di biglietti di banca di vario taglio. Compongono la sfilata una serie di carri allegorici, tutti color giallo oro perché costruiti, con pazienza certosina, con un numero inaudito di spighe e di chicchi di grano.

Un carro riproduce esattamente la chiesa da cui è partita la processione. Un altro è tutto una selva di campanili, guglie, pulpiti medioevali. In un terzo, tre giovinette in abito tradizionale sono intente ad intrecciare delle spighe. In altri carri, più piccoli, sono rappresentate scene dell'antica vita contadina. Sembrano presepi, e i loro artefici, con l'abito della domenica e seri in volto, li seguono a breve distanza, apprensivi, come si può seguire la propria creatura che si teme possa inciampare. Tutto, religiosamente, è costruito con il grano. Le spighe sono intrecciate o lasciate libere in covoni. I chicchi sono incollati formando una superficie granulosa, bionda e lucente.

Dalla mia breve descrizione è facile capire che questa sagra del grano, celebrante i valori religiosi e contadini di un mondo che si pensava scomparso, non può aver luogo che in un paese antico, dove ci si sveglia ancora al canto del gallo, dove il ritmo delle stagioni parla di fatica, frutti e speranze, e dove i figli somigliano ai padri. Ecco, a voler buttarsi ad indovinare, si potrebbe pensare ad un minuscolo paese molisano come Jelsi, dove appunto si venera sant'Anna e si celebra ogni anno la festa del grano. Ebbene, chi avesse parlato di Jelsi avrebbe indovinato, però solo al novanta per cento. Sì, la processione e la sagra del grano si svolgono ogni anno a Jelsi, ma nella Jelsi di Montréal. Quella Jelsi che vive nel ricordo e nel cuore degli Jelsesi e dei loro figli, inventata - se così si può dire - dall'atto d'amore di chi vuol restare fedele alle origini, silenziosamente, con pudore, e che per un giorno all'anno desidera sentire corrergli sull'anima il vento tiepido del ricordo, pieno dei sussurri e delle voci di un'epoca indossante l'abito della giovinezza.

Il mio amico G. P. era raggiante il 30 agosto, giorno in cui si è festeggiata sant'Anna. Finalmente, dopo due anni sfortunati in cui nel fatidico giorno era diabolicamente piovuto, il cielo aveva voluto ascoltare le accorate implorazioni di bel tempo che si erano levate dagli Jelsesi di Montréal. E così tutto è andato a gonfie vele: la processione, la banda, la gente...

Seguivo lo sguardo soddisfatto e intenerito di Gennaro, contemplante la figlioletta che avanzava nella sfilata. "E tuo padre dov'è?" gli ho chiesto. "È lì, vedi?" e mi ha indicato un punto oltre la processione. "È sul balcone della casa di mia sorella." Gli ho fatto allora una domanda superflua: "È contento della festa?" E G., dopo un'esitazione, girandosi per un attimo verso di me: "Eh... certo...", mi ha detto con enfasi, sorpreso della mia domanda inutile.

Ad un'analisi più ravvicinata ed attenta della gente che partecipava o assisteva alla sfilata, si potevano scorgere i segni di una realtà che, per quanto costruita all'insegna del culto del ricordo, era anche una realtà nordamericana. Le bande musicali giovanili composte di bambine scalpitanti che soffiavano a piene gote nelle trombe o rullavano i tamburi, il tutto secondo ritmi sincopati e gioiosi da parata di circo, erano gli elementi nordamericani più visibili in questa festa contadina. Era presente quel giorno anche la tipica banda di paese, composta di gente di mezz'età, educata al culto della lirica, al sussiego, all'orgoglio, ed abituata, ogni tanto, ad una nota stonata. Di fronte a questi rappresentanti di un mondo lontano e letargico, la gioiosa e scalpitante spensieratezza di queste giovinezze nordamericane senza memoria, sembrava esaltare tutto ciò che è giovane, nuovo, rapido. Vi erano dunque quel giorno, nel parco Saint-Simon a Montréal, tanto il paese che l'"antipaese". A voler andare oltre nell'analisi, si potrebbe dire che la festa di sant'Anna di Montréal, più che la celebrazione del grano e dei riti e degli affetti contadini, è la celebrazione del ricordo della sagra del grano. Insomma è la festa della festa, la sagra della sagra, il ricordo del ricordo. E in questa strana eco di voci lontane e di voci vicine, si può avvertire la complessità, anzi l'ambiguità, della nostra realtà di emigrati.

L'Orma di Sant'Adamo

Filippo Salvatore

Concordia University

L'Associazione Guglionesana del Québec Usconium è stata disciolta per mancanza di partecipazione da parte delle nuove generazioni. È stata una decisione difficile, sofferta, del direttivo che s'è dovuto arrendere all'evidenza. L'Associazione Usconium era stata fondata e diretta da Raffaele Tarasco nel terzo decennio del Novecento per unire i paesani, originari di Guglionesi, una ridente cittadina di circa seimila abitanti lungo la costa adriatica, residenti a Montréal, per rinsaldare i vincoli d'appartenenza con i paesani e per celebrare la devozione verso il santo patrono, il benedettino Adamo, abate del monastero delle Isole Tremiti e del territorio della Frentania, dal Gargano agli Abruzzi.

Dopo quasi un secolo di vita l'Associazione Usconium scompariva. L'unico vincolo che il direttivo ha voluto mantenere è la celebrazione, ogni anno, il 3 di giugno, di una messa solenne per sant'Adamo nella Chiesa Madonna di Pompei a Montréal, dove nella cripta, si conserva un busto argentato del santo, copia conforme in gesso a quella d'argento del paese d'origine.

Nel 2018, prima di partire per l'Italia, ho voluto assistere, spinto da un bisogno inspiegabile per un libero pensatore laico qual sono, alla celebrazione della messa di sant'Adamo. E mi sono recato nella chiesa Madonna di Pompei. M'aspettavo di trovare tanta gente a messa, perché essere guglionesano va di pari passo con il sentire devozione per sant'Adamo. Grande è stata invece la mia sorpresa. I presenti erano in tutto una cinquantina, tutti anziani ed in maggioranza donne che occupavano tre o quattro file di banchi vicini all'altare.

Perché i fedeli, che nel passato erano stati centinaia, erano così pochi? "I giovani non ci seguono più, pensano ad altre cose. A loro interessa di più una vacanza nei Caraibi o in Messico, una partita di hockey o di calcio, andare a ballare il sabato sera. Per loro sant'Adamo è ormai solo un nome. Hanno valori diversi dai nostri", mi ha spiegato Lucia, una devotissima di sant'Adamo nel vedermi e nel salutarmi. "I giovani credono in altri valori!". Quant'è vero, mi son detto. I riti religiosi, il sacro sono stati sostituiti dal benessere economico e dalle mitologie che la società dei consumi offre. I giovani d'origine italiana della terza o quarta generazione si sono inseriti perfettamente nel Québec laicizzato di oggi e ne condividono i valori. Un esempio? L'importanza che viene data ad Halloween o al consumismo che caratterizza ormai la celebrazione di Natale.

E sì, in una società laicizzata come quella montrealese di oggi, il benessere economico ottunde la mente e ci rende schiavi del dio denaro. Seduto su uno degli ultimi banchi, appartato, quasi all'entrata, mi guardo intorno dentro la chiesa Madonna di Pompei a Montréal e devo ammettere la verità delle parole di Lucia. Sant'Adamo per i giovani d'origine guglionesana di Montréal è ormai solo un nome. Durante la messa faccio un consuntivo della mia vita. Sono trascorsi oltre cinquant'anni da quando sono entrato in questa chiesa per la prima volta. Ho ora i capelli radi e bianchi e sono diventato nonno. Alla messa celebrata in onore di sant'Adamo abate, assiste, notavo, una cinquantina di persone, tutte anziane. Eppure la comunità di origine guglionesana a Montréal è di oltre quattromila persone. Come mai la chiesa era quasi vuota? La risposta, dolorosa, a questa domanda me l'aveva data Lucia. Perché per i giovani della terza o quarta generazione nati e cresciuti nel Québec, un'oasi di cattolicesimo in America del Nord dal Seicento fino alla Révolution Tranquille degli anni Sessanta del Novecento, ma diventata nel giro di due generazioni una delle realtà più laicizzate del continente americano, la devozione a sant'Adamo – ed il discorso va allargato anche ad altri santi patroni di altri paesi – non ha più la stessa valenza identitaria che aveva per i loro nonni o bisnonni. Per un giovane quebecchese d'origine francese la celebrazione di Saint-Jean il 24 giugno al giorno d'oggi, significa sventolare la bandiera bianca-blu con il fiordaliso, significa provare l'orgoglio di appartenenza nazionale al Québec o al Canada quando il primo luglio si celebra la Giornata del Canada. La dimensione politica ha preso il sopravvento sul significato originale, la celebrazione del santo patrono dei canadesi-francesi, san Giovanni Battista. È ormai un ricordo il ragazzo biondo riccioluto che veniva trasportato su un carro allegorico lungo la strada Sherbrooke, tra uno sventolio di bandiere bianco-gialle del Vaticano e con la fanfara degli zuavi che erano andati a difendere papa Pio IX e lo Stato Pontificio a Mentana.

La trasformazione della Saint-Jean in festa laica nazionale è il paradigma da cui occorre partire per capire perché la figura di sant'Adamo è, per i giovani guglionesani di Montréal, solo un nome, un vago ricordo. Ed anche la parata della giornata di san Patrizio della numerosa comunità irlandese che avviene ogni anno il mese di marzo ha acquisito connotati nuovi. È l'affermazione della componente irlandese del popolo quebecchese e l'occasione per diventare un *leprechaun* gnomo tipico del folklore e della mitologia irlandese, *pronus ad biben-dum*. Tanti, vi assicuro, sono i *leprechauns* montrealesi con la birra in mano! Il centro città di Montreal, dove regna il verde irlandese, ha un valore simile alle migliaia di bandiere tricolori che sfilano sul Boulevard Saint-Laurent, nella Piccola Italia, quando gli Azzurri si fanno onore nel calcio, come quando la nazionale ha vinto il campionato del mondo nel 1982. I giovani, che non si riconoscono più nella figura di sant'Adamo o degli altri santi patroni, sono gli stessi che hanno partecipato alla festa a migliaia, sventolando il tricolore e scandendo I TA LIA, I TA LIA.

"La vita vera è dove scorre il sangue, il ghiaccio canadese è il nostro solleone", mi ripeteva mia madre che aveva accolto me e la mia famiglia a casa sua il giorno della vigilia di Natale, una ricorrenza quando più struggente si faceva sentire il ricordo del paese d'origine. Guglionesi, certo, restava una dimensione ineliminabile, ma nella concretezza dell'esistenza, ma il ritorno si era trasformato in una semplice possibilità spirituale, sempre di più eterea con il trascorrere degli anni. La cena della vigilia di Natale a base di pesce era identica a quella dei parenti rimasti in Italia, sul muro in cucina c'era il ramoscello di olivo che mio padre comprava la domenica delle Palme e rinnovava di anno in anno legandolo alla riproduzione in rame fatta ad Agnone della chiesa di sant'Adamo. Si giocava a tombola, si giocava a carte. E nonni, figli e nipoti fingevano di accapigliarsi per un dollaro che si vinceva o si perdeva. Sembrava di essere in Italia. Insisto sulla parola sembrava. Nella realtà dei fatti tre generazioni comunicavano in un misto di dialetto, di italiano e di inglese e francese. Nel salotto troneggiava un albero, invece del presepe, ai cui piedi erano stati messi i regali. Il carattere ibrido della lingua parlata e la sostituzione del presepe con l'albero erano segni che l'italianità della nostra famiglia stava acquisendo connotati diversi. "La vera vita è dove scorre il sangue. Il ghiaccio è il nostro nuovo solleone!", ripeteva mia madre.

Quanta saggezza che trovavo nelle parole di mia madre, m'ero detto, nel vedere il suo feretro dentro la stessa chiesa, Madonna di Pompei, dopo decenni di vita a Montréal mentre il prete dava il suo *requiescat in pace* alla bara che conteneva le spoglie mortali della donna che mi ha dato la vita.

È vero, madre, siamo ormai italiani e canadesi, siamo vecchi di nascita ma non di costumi, giovani di adozione ma non di visione, siamo "Italianesi", un popolo da inventare – m'ero detto nel vederti portare via dalla chiesa che era stato il primo luogo dove zia Gina, un bel po' bizzocchera, ci aveva condotti, arrivando dall'aeroporto, e prima di essere accolti dai nostri parenti il giorno del nostro arrivo a Montréal.

Il tempo viene registrato cronologicamente, ma segue un percorso tortuoso quando lo riviviamo nella mente.

Ogni esperienza significativa vissuta lascia un segno. E sono questi segni, ineliminabili cicatrici, che contano veramente e che riacquistano vita secondo una logica tutta loro.

Il busto di color argenteo del Santo era stato esposto e durante l'omelia il prete ha tracciato un breve ritratto della vita del benedettino Adamo, già abate delle Isole Tremiti, che, verso la fine del lontano dodicesimo secolo, si prodigò per ristabilire la pace tra i longobardi, i bizantini e i normanni che si contendevano il dominio della Capitana, del Molise e dell'Abruzzo fino a Chieti.

C'erano ancora in prima fila Maria e Vincenzo, rimasti devotissimi del Santo. Maria claudicava quando è andata a ricevere la comunione e Vincenzo sfoggiava ancora i suoi baffoni neri di cui era sempre stato fiero e che ora tingeva. Dopo "la messa è finita, andate in pace" del celebrante, un gruppetto di donne ha intonato l'inno a sant'Adamo: "Deh, stendi Adamo Santo la man paterna ancor, nel ciel venirti accanto verremo con il tuo amor". Era poco più di una melopea di note un po' stonate, ma era anche la sintesi della mia infanzia, della mia pubertà e della mia maturità, ormai avviata al tramonto, della mia vita di italianese.

Parrocchie e missioni Italiane nell'Arcidiocesi di Montréal

P. Giuseppe Fugolo, C.S.

L E MISSIONI E/O PARROCCHIE ITALIANE a Montréal sono o sono state pastoralmente assistite da diversi ordini religiosi e da sacerdoti diocesani.

I Servi di Maria (Serviti)

È un Ordine di mendicanti, fondato dai Sette Santi Fondatori laici nel 1245 a Monte Scenario (Firenze) secondo la regola di sant'Agostino. A Montréal hanno fondato la parrocchia di Monte Carmelo nel 1905 e la Chiesa della Difesa nel 1910.

Chiesa della Madonna di Monte Carmelo (Église Notre-Dame-du-Mont-Carmel). La chiesa di Monte Carmelo è stata costruita nel 1905 in centro città, per opera dei Servi di Maria (Serviti), un ordine questo nato in Toscana per opera di Sette (7) Santi Fondatori. Non so in quale anno, ma la città di Montréal per costruire Dorchester Boul (attualmente Renè Levesque boulevard) ha demolito la chiesa di Monte Carmelo e ha dato alla diocesi un nuovo appezzamento di terreno a St-Leonard per la costruzione di una nuova chiesa. All'inizio degli anni '80, i Servi di Maria hanno costruito la casa canonica e poi hanno lasciato la parrocchia. Un sacerdote della diocesi di Verona, Padre Walter Soave, venuto a Montréal per un'esperienza missionaria tra gli Italiani immigrati, ha costruito l'attuale chiesa di Monte Carmelo. Nel 1990 la parrocchia venne affidata ai Missionari Scalabriniani per la pastorale e l'amministrazione. L'attuale parroco è P. Rinaldo Vecchiato.

Chiesa della Madonna della Difesa (Église Notre-Dame-de-la-Mont-Défense). La chiesa è un monumento storico protetto dalla città di Montréal.

In queste due parrocchie, i Servi di Maria hanno svolto un ottimo lavoro per gli Italiani emigrati a Montréal, fin dall'inizio del secolo scorso. Ricordiamo tra questi missionari: P. Andrea Cimichella, elevato a vescovo ausiliare della diocesi di Montréal. Egli ha servito con grande impegno la comunità italiana di Montréal, specie negli anni '70 e '80. Tra i Servi di Maria ricordiamo anche P. Camillo Menchini, un bravo sacerdote ed uno scrittore di alta qualità. I suoi libri più famosi sono quelli che descrivono le imprese degli esploratori italiani: ha scritto un libro su Cristoforo Colombo, Giovanni Caboto, Giovanni da Verrazzano ed altri..., e un libro su Padre Francesco Giuseppe Bressani, un gesuita italiano, che ha lavorato in Canada per la conversione degli Iraquois.

I Servi di Maria, missionari ben preparati, umili, hanno saputo dirigere le due comunità italiane con umiltà, semplicità ed intelligenza, lasciando una loro impronta culturale e religiosa. La chiesa della Difesa è stata rinnovata in questi ultimi anni (con un contributo del governo federale canadese) e continua la sua missione tra gli Italiani, anche se non mancano le difficoltà dal momento che gli Italiani si sono spostati in altri distretti della città o sono passati all'altra vita. Monte Carmelo è ancora una chiesa fiorente e molto attiva a St-Leonard. La chiesa, trovandosi nel cuore di varie residenze, offre tuttora un servizio indispensabile agli Italiani anziani.

I Missionari della Consolata

Sono stati fondati dal beato Giuseppe Allamano, piemontese, con lo scopo di dedicarsi alla missione in modo totale. Sono proiettati oltre i propri confini territoriali, di paese, nazione, parrocchia, diocesi. Guardano e hanno a cuore il mondo, tutti i popoli. Sono testimoni dell'universalità del cristiano e della chiesa. Il loro motto è "andare oltre", in qualunque posto si trovino, perché sono da superare non soltano le barriere territoriali, ma anche quelle razziali, culturali, sociologiche e religiose. Venerano Maria, la Madre di Gesù con il titolo di Consolata: vogliono portare al mondo la vera consolazione, che è Gesù, il Vangelo, la vicinanza agli emarginati, il conforto agli afflitti, la cura dei malati, la elevazione umana, la difesa dei dirittti umani, la promozione della giustizia e della pace. A Montréal hanno fondato per gli Italiani due chiese: la chiesa di San Giovanni Bosco (1949) e la chiesa della Consolata (1953).

Chiesa San Giovanni Bosco (Église de Saint-Jean-Bosco, Ville-Émard). La chiesa ha avuto una storia gloriosa negli anni Cinquanta e Settanta. Ora è in declino, dal momento che molti Italiani di Ville Emard si sono trasferiti a Ville Lasalle. A Ville Lasalle hanno costruito nel 1969–1970 la Missione di Maria Madre dei Cristiani, che nel 1972 venne affidata agli Scalabriniani.

Chiesa Madonna della Consolata (Église de Notre-Dame-de-la-Consolata). In seguito alla partenza dei sacerdoti della Consolata, la parrocchia venne diretta, per una diecina d'anni, da un dinamico sacerdote della diocesi di Piacenza, Don Arturo Tiramani, che ha cercato di continuare nello spirito e stile dei Missionari della Consolata. L'ha sostituito un sacerdote di lingua francese, che ha diretto la chiesa per un'altra diecina d'anni. Attualmente il sacerdote che dirige la Chiesa della Consolata è don Mario Neva, un sacerdote della diocesi di Brescia. Don Mario cerca di animare la parrocchia con varie iniziative in italiano, inglese e francese. In realtà, la parrocchia della Consolata, dopo un periodo di crisi, sta riprendendo vita con le nuove generazioni italo-canadesi.

I Missionari Scalabriniani

Sono stati fondati dal beato Giovanni Battista Scalabrini (1839–1905), nato a Fino Mornasco (Como) e ordinato sacerdote per la diocesi di Como e poi elevato a vescovo di Piacenza all'età di appena 36 anni. Dopo l'unificazione nel 1861, l'Italia, da anni vittima di tante invasioni straniere, si trovò improvvisamente in preda a grosse difficoltà economiche e sociali. Iniziò così il grande esodo dell'emigrazione verso paesi stranieri, in particolare verso i paesi europei, e le Americhe. Si calcola che dal 1880 fino al 1920 ben 5 milioni di Italiani lasciarono l'Italia per terre straniere. Scalabrini, vescovo di Piacenza (1875–1905), vedendo che la sua diocesi si spopolava rapidamente, pensò di aiutare gli Italiani che andavano all'estero. Divenne profeta nel campo dell'emigrazione. Fondò la congregazione di sacerdoti per l'assistenza spirituale degli Italiani emigrati, conosciuti come "Scalabriniani", e al contempo anche la società di San Raffaele (1889), una comunità di laici impegnati ad assistere gli emigrati nei porti di partenza e d'arrivo. Fu colpito alla stazione di Milano alla vista di tanti che aspettavano di prendere il treno per Genova e poi imbarcarsi verso paesi ignoti al di là dell'oceano. "In Milano, parecchi anni or sono, fui spettatore di una scena che mi lasciò nell'animo un'impressione di tristezza profonda. Di passaggio alla stazione vidi la vasta sala, i portici laterali e la piazza adiacente invasi da tre o quattro centinaia di individui poveramente vestiti, divisi in gruppi diversi. Sulle loro facce abbronzate dal sole, solcate dalle rughe precoci che suole imprimervi la privazione, traspariva il tumulto degli affetti che agitavano in quel momento il loro cuore. Erano vecchi curvati dall'età e dalle fatiche, uomini nel fiore della virilità, donne che si traevano dietro o portavano in collo i loro bambini, fanciulli e giovanette tutti affratellati da un solo pensiero, tutti indirizzati ad una meta comune. Erano emigranti!".

Si rende conto dei grandi interessi economici che ci sono dietro le migrazioni di interi popoli e non esita a definire *mercanti di carne umana* chi specula su quelle disperazioni. Come Vescovo sente la necessità di restare unito ai suoi missionari: il 18 luglio 1901 parte da Genova per quella che sarà la sua prima visita pastorale oltreoceano ai migranti italiani negli Stati Uniti d'America. Il 10 ottobre viene ricevuto dal presidente statunitense Theodore Roosevelt. Il 13 giugno 1904, parte per la seconda visita pastorale nelle Americhe visitando i missionari e le comunità italiane del Brasile. È morto il 1º giugno 1905, solennità dell'Ascensione a Piacenza. È stato proclamato beato da papa Giovanni Paolo II durante una cerimonia svoltasi sul sagrato della basilica di San Pietro in Vaticano (piazza San Pietro) il 9 novembre 1997. A Montréal, gli Scalabriniani sono arrivati nel 1959, su richiesta del Cardinal Emil Léger, arcivescovo di Montréal. Léger voleva sacerdoti italiani che parlassero anche il francese. Il suo scopo era quello di integrare gli Italiani nella comunità francofona del Québec. Le commissioni scolastiche francofone, non intuendo la grande portata e la forza dell'immigrazione italiana nel Québec, decisero di non accogliere i bambini di migranti nelle loro scuole francofone negli anni '50, costringendoli ad andare alle scuole inglesi. René Lévéque, primo ministro del Québec negli anni '70, ha deciso di obbligare i bambini dei migranti ad andare alle scuole francesi, eccetto nei casi in cui uno dei genitori avesse frequentato la scuola inglese o il bambino avesse avuto un fratellino maggiore frequentante la scuola inglese. Era troppo tardi, le nuove generazioni di Italiani sono tutte di lingua inglese. La Chiesa Madonna di Pompei è stata la prima parrocchia italiana sorta per opera degli Scalabriniani nel 1961. La Chiesa di Pompei è stata inaugurata l'11 novembre 1967. Negli anni '60 e '70 la parrocchia contava circa cinquantamila Italiani, su un territorio che includeva parte di Montréal, Montréal Nord, e parte di Saint-Leonard. Ci fu un tempo in cui si celebravano più di 500 battesimi all'anno, circa 250 matrimoni, numerosissime prime comunioni e cresime. La parrocchia di Pompei era al centro di numerose associazioni paesane e regionali. Ora è in declino e i funerali sono numerosi, più di 200 all'anno. Le nuove generazioni di Italiani frequentano le parrocchie di lingua inglese a Montréal, come la Chiesa Madonna del Divino Amore di Laval, che è divenuta un'estensione della parrocchia di Pompei per le nuove generazioni italiane. Gli Scalabriniani gestiscono anche la Chiesa Madonna del Monte Carmelo a Saint-Leonard. La Chiesa Madre dei Cristiani a Lasalle e la Chiesa dell'Annunziata a Lachine sono chiese per gli Italiani di Lasalle, Lachine e West Island, tutte ancora molto fiorenti.

Chiesa Madonna del Divino Amore (Église de Notre-Dame-de-l'Amour-Divin). Negli anni '80, gli Scalabriniani iniziarono a celebrare una Santa Messa in italiano a Laval poiché si notava l'inizio di un esodo di Italiani dalle parrocchie della Difesa, della Consolata e della Madonna di Pompei verso la grande isola di Laval. La messa in italiano era celebrata ogni domenica alla chiesa francese di Notre-Dame-des-Écores. In seguito, nel 2009, la diocesi decise di sopprimere la Fabrique della comunità francofona ed affidare la chiesa alla missione italiana del Divino Amore. Si trattava di raggiungere in particolare gli Italiani delle nuove generazioni di lingua inglese e/o francese. La chiesa abbraccia anche la comunità ispanica di Laval. Attualmente, è parroco Padre Pierangelo Paternieri, scalabriniano ed è coadiuvato dai sacerdoti della chiesa di Pompei per l'assistenza ai fedeli di lingua spagnola.

I Salesiani di San Giovanni Bosco

Fondati nel 1873 da San Giovanni Bosco come "Società di San Francesco di Sales", i Salesiani crebbero rapidamente, con case stabilite in Francia e in Argentina entro un anno dal riconoscimento formale. L'organo di stampa ufficiale, il *Bollettino Salesiano*, fu pubblicato per la prima volta nel 1877. Nel corso del decennio successivo i Salesiani si espansero in Austria, Gran Bretagna, Spagna e in diversi paesi del Sud America. La morte di Don Bosco nel 1888 non rallentò la crescita della Società. Nel 1911, i Salesiani furono stabiliti in tutto il mondo, tra cui Colombia, Cina, India, Sud Africa, Tunisia, Venezuela e Stati Uniti. La Società continua ad operare in tutto il mondo; nel 2000, contava più di 17.000 membri in 2.711 case. A Montréal i Salesiani fondarono per gli Italiani la Missione di San Domenico Savio (Ville d'Anjou) e la Missione di Maria Ausiliatrice (Rivière-des-Prairies). La Chiesa di Maria Ausiliatrice (Église Marie-Auxiliatrice de Rivière-des-Prairies) fu costruita nel 1984 per opera del dinamico salesiano P. Romano Venturelli, deceduto un po' di anni fa. La missione di San Domenico Savio è ormai ridotta a poche unità (di anziani), mentre la missione di Maria Ausiliatrice, attualmente diretta da sacerdoti diocesani, è tuttora molto attiva. I Salesiani si sono ritirati in un loro Centro a RdP dove assistono i giovani secondo il carisma della congregazione e del loro fondatore.

Chiese dirette da sacerdoti diocesani

Chiesa di Saint Raymond di Penneford, NDG, Montréal, fondata nel 1938. Una chiesa che per tanti anni ha assistito gli Italiani che vivevano a Notre-Dame-de Grâce (NDG), e che tuttora continua ad assistere le nuove generazioni di Italiani. L'attuale parroco è Padre Umberto Ranieri, sacerdote della diocesi di Montréal.

Chiesa Santa Caterina da Siena (Église de Sainte-Catherine-de-Sienne), a NDG, Montréal, chiesa edificata negli anni 1952-1953, che per tutti questi anni ha assistito gli Italiani di prima generazione. Il suo parroco è Mons. Igino Incantalupo, assistito da Padre Bruno Mori.

In altre chiese della diocesi di Montréal vengono celebrate Sante Messe in italiano, come la chiesa di Sainte-Angèle, a Saint-Leonard, dove è parroco Padre Johann Leroux.

La comunità italiana di Montréal, tramite le sue missioni e/o parrocchie fondate e formate da diversi ordini religiosi, ha tenuto viva la sua fede cristiana e la sua cultura basata sull'importanza della famiglia, del lavoro, delle relazioni umani con i paesani e parrocchiani, e soprattutto tramite la religiosità popolare, fatta di processioni, di devozione ai santi, di fede in Dio. I sacerdoti provenienti da ordini diversi avevano tutti un carisma specifico, che veniva dal proprio santo fondatore; avevano tutti una formazione intellettuale classica, con conoscenza non solo della letteratura, ma anche della filosofia dei grandi filosofi dei tempi passati e dei grandi teologi del tempo. Nei seminari si seguivano gli stessi programmi scolastici delle scuole pubbliche in Italia. I sacerdoti italiani di circa mezzo secolo fa istituirono il PICAI, scuola del sabato per l'insegnamento della cultura e della lingua italiana ai figli dei migranti. Tanto è vero che il beato Scalabrini era convinto che la fede dipendesse molto dalla cultura popolare; per lui perdere la propria cultura (pericolo che correvano i migranti in paesi diversi) significava perdere la fede. Scalabrini insisteva presso i suoi sacerdoti che tenessero viva la cultura e la lingua italiana dei migranti con lo scopo di tener viva la loro fede cattolica in terra straniera. Si deve dire che la comunità di lingua italiana a Montréal, anche se molti sono venuti a mancare in questi anni, è tuttora vicina alle sue chiese che sono ancora molto fiorenti. Molte chiese anglofone sono tuttora sostenute dai figli di Italiani immigrati a Montréal. Nelle chiese italiane attualmente si nota un divario tra la prima generazione e la seconda e terza generazione di Italiani. Gli Italiani di seconda e terza generazione sono molto diversi dalla prima generazione, quella dei loro genitori o nonni. Religiosamente, per esempio, non sono tanto interessati a processioni, a messe per i defunti, e anche alla frequenza della messa domenicale. Tuttavia, sono animati da una fede cristiano-cattolica come un valore da comunicare ai propri figli, una religione che rispetta la libertà di fede e di espressione, anche se sottolinea certi valori assoluti, come la fede in Dio, in Gesù Cristo e nella vita eterna. Molti comunque sono travolti dal relativismo che nasce da una società "liquida", dove tutto è permesso secondo i propri criteri e le proprie inziative personali.

Come evangelizzare l'uomo d'oggi? È di certo la domanda che ci si pone in questi giorni. I sacerdoti italiani, che si incontrano quasi ogni mese in conferenza (Conferenza dei Sacerdoti Italiani di Montréal), si pongono spesso questa domanda. Ma v'è un divario anche fra i sacerdoti stessi, fra sacerdoti giovani e quelli anziani, a livello di formazione e di preparazione accademica. Mentre negli anni passati si insisteva molto sulle opere letterarie, filosofiche e teologiche per poter spiegare in maniera razionale la fede cristiano-cattolica, tale orientamento culturale è venuto meno nella formazione dei nuovi sacerdoti, accentuando altri elementi formativi considerati più importanti per l'esercizio del proprio ministero nella società contemporanea. Il divario esiste anche tra i giovani sacerdoti e le nuove generazioni che appartengono a una cultura sempre soggetta a mutamenti rapidi. Pertanto, è difficile per i sacerdoti guidare comunità in continuo mutamento. La Conferenza dei Sacerdoti Italiani ha dato vita, *online*, con P. Mario Neva, parroco della Consolata e della Difesa, e con P. Giuseppe Fugolo, presidente della Conferenza dei Sacerdoti Italiani, a un Istituto di Cultura Italiana (ICIM). L'Istituto intende promuovere la cultura italiana all'interno della società quebecchese con una scuola per la preparazione dei catechisti, lettori, ministri della liturgia, con un'attenzione specialmente ai giovani, anche alla luce del Sinodo dei vescovi tenuto a Roma sui problemi della gioventù attuale. Ci accorgiamo che le nuove generazioni sanno sempre meno di Dio e della sua opera nel mondo. Il deserto dunque avanza. Se la bontà dell'agire dipende dalla verità che coltiviamo nel cuore, non ci si deve certo entusiasmare. Ma i rimedi esistono. I gruppi e le associazioni propongono da anni l'incontro attorno alla Parola, alla eucarestia, con i centri di ascolto e di preghiera, le convivenze, ecc. Tante formule e tanti modi, senza dimenticare che la verità è una questione sia di cuore che di mente. Noi, sacerdoti con l'intenzione di evangelizzare l'uomo d'oggi, proponiamo una scuola di fede, che soprattutto durante l'inverno aiuti a coltivare il pensiero della fede ed essere sempre più all'altezza delle sfide positive e negative del mondo di oggi. Una scuola che sfrutti abilmente le nuove tecniche di comunicazione informatica. Una scuola per formatori, per animatori, per catechisti, per genitori, per semplici fedeli interessati, per giovani e per adulti. È un tentativo di prepararci a rispondere ai bisogni delle giovani generazioni odierne. Mentre la cultura degli Italiani di prima generazione scompare sempre più, anche con la dipartita di persone, ci si chiede come possiamo evangelizzare la cultura o le culture sempre soggette a cambiamenti nella società contemporanea. Con la mancanza di vocaziani alla vita sacerdotale e la mancanza di sacerdoti, preparati ad affrontare le problematiche della società attuale, si dovrà, certamente, dipendere dalla forza dello Spirito Santo per la continuazione della presenza di una chiesa significativa nel mondo di oggi.

THE ARCHITECTURAL EXPRESSION OF THE CHURCHES

GUGLIELMO D'ONOFRIO

THE CHURCHES CHOSEN ARE WHERE MOST of the Italian community in Montreal practice. The architectural expression is varied, due to respecting the many considerations for design, including being inspired by the various sub-cultures. The presentation is chronological and simple, the descriptions and opinions are not a result of deep analysis but coming from spontaneous impressions.

CHIESA MADONNA DELLA DIFESA

Église Notre-Dame-de-la-Défense
Church of Notre-Dame-de-la-Défense

Location: District Little Italy, Borough Rosemont-Petite-Patrie, Montréal
Designer: Arch. Guido Nincheri and Arch. Louis-Roch Montbriand
Construction: 1918-1919
Interior decoration: 1924-1964, glass windows, frescoes, decorations by Arch. Guido Nincheri, Arnaldo Marchetti, and Drei
Design modifications: 1952, three floors at Presbytery: Arch. P. Colangelo
Design additions: 1954-1955, Parish hall, Presbytery, Sacristy: Arch. Roger Chalifoux; 1962, Chapel: Arch. Colangelo-Grondin-Ronco-Bélanger
Various interventions: 2018, Sacristy Modifications: Arch. G. D'Onofrio

The architects Guido Nincheri and Louis-Roch Montbriand chose Romanesque Revival (or Neo-Romanesque) as its style, using brick with Lombard type friezes. The plan is a Greek cross. The sacristy, presbytery and communal hall were added later. The interior was decorated in Neo-Renaissance style, with a fresco painted before the Second World War commemorating the Lateran Accords, that has recently become notorious. This is a National Historic Site of Canada since 2003.

CHIESA SAN GIOVANNI BOSCO

Église de Saint-Jean-Bosco
Church Saint-Jean-Bosco

Location: District Côte-St-Paul / Ville-Émard; Borough Le Sud-Ouest, Montréal
Designer: Arch. Marc Cinq-Mars
Construction: 1949-1950

A simple church, yet with varied styles combining Neo-Romanesque and Art Deco, as in the bell tower, with Gothic details. All within a strong dual-pitched roof terminating in a large gable end that becomes the principal façade and entrance, with Gothic style openings. The geometry of the interior space follows the exterior form. The plan is a simple and singular nave, with tribune (or gallery) over the entrance.

CHIESA SANTA CATERINA DA SIENA

Église de Sainte-Catherine-de-Sienne
Church Sainte-Catherine-de-Sienne

Location: District Notre dame de Grace, Borough Côte-des-Neiges-NDG, Montréal
Designer: Arch. Gilles L. Duplessis and Paul Rolland
Construction: 1952-1953
Organ: 1939, Opus 1615-Casavant Frères Ltée
Stained Glass: 1992, Thérèse Calnan

This church is also covered with a strong dual-pitched roof terminating in a large gable end that becomes the principal façade and entrance. This façade has openings that are traditional yet not strictly classical or gothic, although with an echo from both styles, and an Art-Deco flavor of the 50's. The whole of the exterior is in stone.

The roof is in asphalt shingles and copper trims. The geometry of the interior space has a polygonal vault over a Latin cross plan with single nave. The choir tribune (or gallery) projects over the apse.

Chiesa dell'Annunziata

Église de la Mission catholique italienne de l'Annunziata
Church of the Annunciation
(*olim* Église de Saint-André-Hubert-Fournet)

Location: Borough Lachine, Montréal
Designer: Arch. Maurice Roux
Construction: 1954-1955

A peculiarity is the strong geometric presence of the front gable end that is repeated in various details. The side windows are created at the intersection of the pitched roof and the side walls and framed by the articulated roof beams on the interior. The exterior is mainly covered with concrete and stone. The roof is covered with asphalt shingles. The dominant lining in the interior on the walls is concrete. The vault is a miter. The plan is a single nave.

Chiesa Madonna del Divino Amore

Église de Notre-Dame-de-l'Amour-Divin
Church Notre-Dame-de-l'Amour-Divin

Location: District of Duvernay, Laval
Designer: Arch. Gilbert Moreau
Construction: 1957

A modern style church with undulating roof profiles. The main façade has distinguishable staggered small windows. This pattern is repeated for the side windows. The bell tower is not the usual massive structure. It is separate from the main building and made of metal. The interior has a three-nave plan that is not symmetrical. The abstract sculpture behind the altar confirms its modern concept.

CHIESA MADONNA DELLA CONSOLATA

Église de Notre-Dame-de-la-Consolata
Church Notre-Dame-de-la-Consolata

Location: Borough Rosemont Petite-Patrie, Montréal, rue Jean-Talon Est
Designer: Arch. Patsy Colangelo
Construction: 1960-61, Pisapia Construction Inc.

The architect strategically placed the bell tower at the street corner, becoming visible from the four directions of the two main streets where the church is situated. Unlike the past, when churches were often the first structure of an agglomeration, here we have an example of modern-day churches being built over an existing street grid. This results in a change of one of the most important programmatic principals of the past based on mystical values of orientation with cardinal points. The plan is symmetrical with three naves. The high ceiling of the central nave is particularly noticeable with a rectangular coffered pattern made with wooden beams, echoing classical architecture, albeit with modern lines. This mixture of classical, Art Deco and modern style pervades in a smooth blend throughout the complex. It is unfortunate that recent water infiltrations or uncontrolled humidity have compromised the quality of this notable ceiling.

CHIESA MADONNA DI POMPEI

Église Notre-Dame-de-Pompéi
Church Notre-Dame-de-Pompéi

Location: Borough Ahuntsic-Cartierville, Montréal
Designer: Arch. Fred A. Dawson, Félix Kraus, Leslie Doelle
Construction: 1966-1967, Pisapia Construction Inc.
Various interventions: 2000-2003

The most notable aspect of this church is the shape of the roof and vault, consisting of two hyperbolic paraboloids. This is articulated also in the interior singular space. The floor plan of the building has the shape of a fish. The Second Vatican Council had an influence with its wish to modernize the Catholic Church, offering a new liturgy which resulted architecturally in a semi-concentric arrangement of the faithful.

Chiesa San Domenico Savio

Église Saint-Domenico-Savio
Church Saint-Domenico-Savio

Location: District Mercier-Est, Borough Mercier-Hochelaga-Maisonneuve, Montréal
Designer: Arch. Pierre Ronco
Construction: 1968
Modification designer: 2008, Doorway, Arch. Archipole
Various interventions: 2009, Foundation piles, made by Pieux Métropole

A non-traditional modern style exterior form mainly covered with stone. The roof is unconventional, with two small slopes converging inwardly and expressed on the western facade. The asymmetrical structure of the roof, exposed inside, defines the main nave of the church, with the smaller nave on the other side of the interior pillars. The dominant lining in the interior on the walls is concrete. The wooden ceiling of the vault has the shape of a polygonal arc. The plan contains also a rectangular choir in the apse projecting to the right.

Chiesa Maria Ausiliatrice

Église Marie-Auxiliatrice de Rivière-des-Prairies (Mission)
Church Marie-Auxiliatrice de Rivière-des-Prairies (Mission)

Location: Borough Rivière-des-Prairies, Pointe-aux-Trembles, Montréal
Designer: Arch. Saroli Palumbo
Construction: 1984
Interventions: 2004, Restyling of the Sanctuary, made by Atmosphere-Design
Modifications design: 2015, Installation of metallic doors produced in Italy

The bell tower suggests the civic buildings of Siena. There is also a modern character that pervades throughout the design, even if there are neo-classical lexical elements. The few decorative elements also indicate contemporary design and some Art Deco, with stained glass by Matteo Martirano, a disciple of Guido Nincheri. Varied amenities, such as accommodations for five priests, parish hall, and nursery, add to making this parish attractive.

Chiesa Madonna del Monte Carmelo

Église Notre-Dame-du-Mont-Carmel
Church Notre-Dame-du-Mont-Carmel

Location: Borough St-Leonard, Montréal
Designer: Arch. Desmarais Tornay Pilon
Construction: 1985

This parish, the first to serve the Italian community in Montréal, exists since 1905, although this church was built in 1985. A very simple design, like San Giovanni Bosco, except with a gentler roof slope. The minimalist surface texture, details and joints, make obvious its contemporary design. But it is not modernist, since it has more of a post-modern character. Talent, or lack thereof, is more exposed in the modern architectural minimalist lexicon. Instead of postmodernism, with its historical decorations and forms, allows an architect and his client to offer distractions, or as Robert Venturi put it *Complexity and contradiction in architecture*. For example, the bell tower, although very impressive and massive on the main facade, ends not very gracefully at the top with four simple square brick pillars supporting a simple roof made like a small house, with a cross above.

Chiesa Madre dei Cristiani

Église Mère-des-Chrétiens (Mission)
Church Mère-des-Chrétiens (Mission)

Location: Borough LaSalle, Montréal
Designer: Arch. Victor Simion
Construction: 2000
Consecration: 9 aprile 2005

A modernist design with superficial echoes from the past. Even the rose windows, a gothic feature, are treated with modernist lexicon. The interior is a modernist open space on two floors with exposed trusses. The plan is generated by a central circle at the centre of the site that is pierced by a long rectangle pointed at its ends and oriented diagonally from east to west, which contains the central main nave.

L'Organo della Chiesa Madonna della Consolata

Massimo Rossi

L'ORGANO A CANNE È LO STRUMENTO musicale che bene accompagna il canto del culto cristiano. Il Concilio di Trento nel secolo XVI così si esprime: "La Chiesa riconosce l'organo come strumento sommamente adatto all'indole e alla natura del canto sacro", mentre Papa Pio XI così lo definisce: "L'organo è lo strumento musicale tradizionale della Chiesa, per la sua grandiosità e maestà". Il Concilio Vaticano II (1962-65) ha dichiarato: "Nella Chiesa latina l'organo a canne sia tenuto in grande onore: è lo strumento musicale tradizionale, il cui suono è in grado di aggiungere un notevole splendore ai riti della Chiesa e di elevare potentemente gli animi a Dio e alle cose celesti".

Nel 1953, fu fondata a Montréal una nuova parrocchia italiana, la Madonna della Consolata (Notre-Dame-de-la-Consolata), affidata alle cure dei Padri Missionari della Consolata provenienti dalla Casa Madre di Torino. Padre Valperga ne assunse le funzioni di parroco, Padre Azzolini si applicò al canto liturgico con una giovane ma efficiente corale di voci miste e io ne fui l'organista sin dal mio arrivo dall'Italia, nella primavera del 1954. Dapprima le funzioni furono officiate nella cripta esistente, sulla cui struttura di base verrà poi costruita agli inizi degli anni '60 l'attuale chiesa. Iniziarono molti incontri con l'architetto Colangelo, che disegnerà la nuova chiesa. Si richiese una cantoria spaziosa per la corale e per l'organo. Molti studi furono pure fatti sull'acustica del vano-chiesa, presentati poi allo stesso architetto. Si aspirava così ad avere un'architettura disegnata per una buona acustica, tanto per le voci corali che per l'assemblea e per l'organo.

La nuova Chiesa Madonna della Consolata fu consacrata e solennemente inaugurata nel 1962, in occasione della festa della Consolata in giugno. Per la celebrazione, la corale degli adulti eseguì la *Missa ad honorem B.M.V. Consolatricis* a tre voci dispari e organo da me composta e diretta da Padre Azzolini, un programma che divenne da allora canonico per la festa della Consolata. Fu anche il momento per dotare la chiesa di un organo vero e proprio, tanto che cominciai uno studio per l'individuazione e la scelta di un organo tipico italiano dalla sonorità sviluppata essenzialmente per il servizio liturgico. Agli inizi del 1962, si iniziarono le ricerche tra i migliori costruttori d'organi in Italia. Consultai all'epoca il Maestro Ferdinando Germani, professore d'organo al Conservatorio Santa Cecilia di Roma e organista titolare di san Pietro in Città del Vaticano, mentre si trovava a Montréal per un concerto alla Chiesa Notre-Dame. Fra le tante botteghe specializzate nella produzione di organi, l'interesse cadde soprattutto su Mascioni e Tamburini, allora le due migliori fabbriche in Italia. Alla fine, si scelse Tamburini, che accettò l'impresa di produrre un organo secondo il progetto definito da me e Germani e ben accolto dalla Ditta Pontificia Fabbrica d'Organi Comm. Giovanni Tamburini di Crema (Cremona). Franco Anselmi Tamburini, nipote di Giovanni, giunse poi a Montréal per esaminare il sito destinato all'organo, prendere le misure necessarie e così firmare anche il contratto con il Padre Azzolini.

L'organo, costruito e provato in fabbrica, fu imballato e spedito via mare agli inizi del 1966. L'installazione, le rifiniture e l'accordatura dell'organo presero circa due mesi, coadiuvati anche da due tecnici della bottega Tamburini. L'intonazione delle canne – vale a dire, definirne l'attacco e il colore acustico – dell'organo fu affidata a Luciano Anselmi Tamburini, fratello di Franco e capo intonatore e della finizione fonica di tutti gli organi prodotti. L'inaugurazione del nuovo organo cadde finalmente il 13 novembre 1966, un evento che *Il Cittadino Canadese* così annunciò nell'edizione del 9 novembre: "La benedizine dell'organo avverrà domenica 13 novembre alle ore 8.00 p.m. e ad impartirla sarà Mons. Andrea Cimichella. Seguirà un concerto eseguito dal maestro Massimo Rossi, professore di musica all'Università di Montréal. Il 18 novembre 1966, la Comunità Italiana ed in particolare i parrocchiani della chiesa Nostra Signora della Consolata sono lieti e commossi di dare il bentornato a Padre Damiano Fea, che, dopo aver dedicato tutte le sue energie per il benessere spirituale e materiale ai suoi parrocchiani, ci lasciò quattro anni or sono per rientrare a Torino nella sede della sua Congregazione. Padre Fea è di nuovo tra di noi, per alcuni giorni soltanto, per un lieto avvenimento: l'inaugurazione del nuovo organo della Chiesa della Consolata che rappresenta il risultato finale degli sforzi compiuti da Padre Fea e Padre Azzolini".

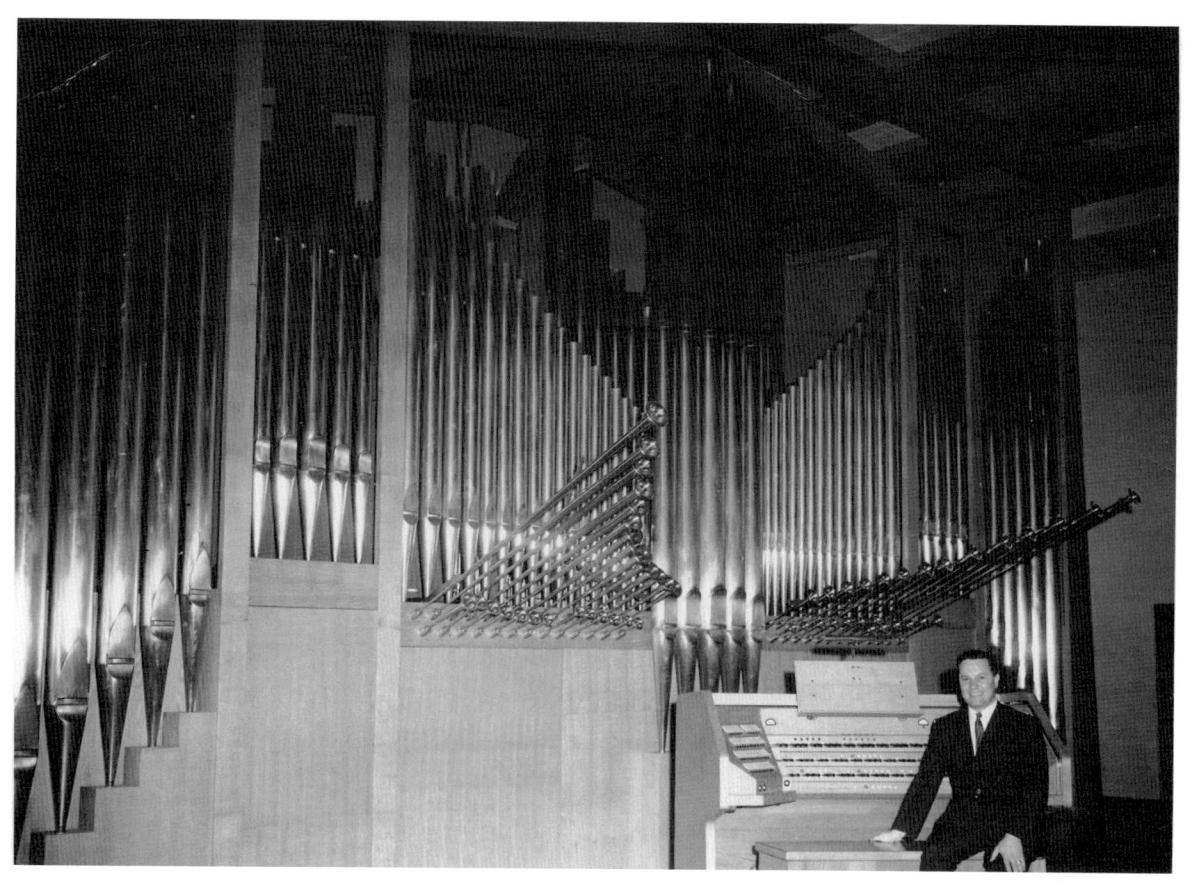

L'Organo della Chiesa Madonna della Consolata

Tra il ciondolo a croce della nonna e la nostalgia di casa: frammenti di religione vissuta e italianità a Montréal

Valentina Gaddi

Gli scatti di Andrea Paolella che ritroviamo in queste pagine non ci parlano solamente di splendidi edifici o di un patrimonio architettonico da conservare. Non raccontano solamente di riti cattolici (messe, processioni, *ex voto*, ...) arrivati dall'Italia o sviluppatisi in territorio canadese e che resistono allo scorrere degli anni. Tra i chiari e scuri delle fotografie, possiamo intravedere – e immaginare - i frammenti di quella che in gergo accademico veniva un tempo chiamata "religione popolare" (Orsi, 1985) e che è ora meglio conosciuta come "religione vissuta" (McGuire, 2008) o "religione quotidiana" (Ammerman, 2006), di tutti quegli italiani e italiane più o meno credenti che hanno fatto della città di Montréal la loro casa. Per dirlo in modo semplice, questi concetti fanno riferimento a tutte quelle pratiche quotidiane che tessono il vissuto delle persone e lo arricchiscono di una dimensione spirituale, in controluce di tradizioni famigliari, comunitarie o nazionali. Come ci ricordano le teorizzatrici di questo approccio, soffermarci su questa dimensione permette di allontanarsi da una concezione della religione unicamente come istituzione, insieme di pratiche tutte uguali imposte dall'alto, a cui le persone aderiscono passivamente, per valorizzare invece la sua dimensione concreta, quotidiana e spesso *minuscola*.

È su questa dimensione che si sofferma il mio contributo. L'invito è quello di mettersi all'ascolto della maniera in cui la religione cattolica colora con sfumature differenti la vita di due giovani italo-montrealesi che ho avuto l'occasione di incontrare dentro e fuori le mura di una delle chiese che vedete in queste pagine: la Madonna della Difesa, nella Piccola Italia. Attraverso le parole di questi ragazzi, il mio testo desidera dunque essere comple-mentare alle fotografie di Andrea e, se possibile, dar loro ancora più profondità documentando dei frammenti di religione vissuta da italiani e italiane di Montréal. Si tratta, come vedremo, di un fenomeno dai contorni imprecisi che oltrepassa le pareti delle chiese e le file ordinate delle processioni per punteggiare in maniera più sfumata la vita quotidiana e riconnettere in ultima analisi le persone alla loro italianità.

"Religion... it's about family"

Marco è il più piccolo di tre fratelli, figlio di una donna nata in Italia ed emigrata in Canada da bambina con entrambi i genitori, e di un padre di origine egiziane. Studente all'università Concordia, abita da 3 anni a Montréal ma è originario di una piccola cittadina alla periferia di Ottawa, dove ha frequentato una scuola pri-maria cattolica. Lo incontro, a mia sorpresa, una domenica mattina di fine estate all'uscita della messa, di fronte alla chiesa della Madonna della Difesa. Erroneamente, pensavo di ritrovarmi di fronte ad una chiesa semi-vuota, riempita solamente di "teste bianche", per usare le parole di una signora più anziana di un'altra parrocchia con cui ho avuto l'occasione di parlare. Questa domenica di inizio settembre, complice forse anche la bellissima giornata di sole e il portone spalancato, questa chiesa della Piccola Italia accoglie una settantina di fedeli, tra cui diverse famiglie. Marco e il suo amico Giovanni sono tra i pochissimi giovani presenti, forse gli unici.

Quando qualche settimana dopo ci incontriamo davanti ad un caffè *downtown*, Marco mi racconta che quella domenica era per lui la prima volta alla Madonna della Difesa. Ne aveva sentito parlare dal suo amico d'infanzia Giovanni, anche lui ora a Montréal per gli studi, e aveva deciso di "andare a vedere". Era rimasto sor-preso che la messa fosse in italiano, la lingua di sua *nonna* (termine che mi dice in italiano, mentre tutta la nostra conversazione si svolge in inglese) che desidererebbe tanto imparare. Allo stesso tempo dice di "saper cosa fare" durante la messa, quindi seguire non è stato così difficile.

Marco parla della sua famiglia come "religiosa" e quando gli chiedo di spiegarmi meglio cosa intende mi riporta degli esempi molto pratici: se c'è un problema si viene invitati a rivolgere una preghiera a Dio; tutti in famiglia portano una piccola croce al collo (mi mostra la sua, un regalo della nonna per il battesimo) e il rosario in macchina; in occasione delle feste religiose si va sempre in chiesa e delle volte si prega prima di mangiare, ma solo per le occasioni speciali quando tutta la famiglia è riunita. La religione, mi dice, è quello che tiene la famiglia unita: "religion brings the family closer, to stick together". Per essere ancora più chiaro, Marco impiega una me-tafora piuttosto diffusa nel mondo cattolico italiano secondo cui se la chiesa rappresenta lo spazio fisico dove si raccolgono i fedeli, la "vera Chiesa" si costituisce quando "sei insieme con la tua comunità". Quindi, mi dice, anche se non sei nell'edificio ma sei con la tua famiglia "tecnicamente sei comunque in chiesa". I confini tra la famiglia e la chiesa, intesa come spazio fisico ma soprattutto come collettività, si sovrappongono nel suo ragionamento e, secondo Marco, stare in famiglia equivale ad essere in chiesa (o ad essere Chiesa).

"I went to the church for the Italian cultural aspect of it"

Giovanni è con Marco alla Madonna della Difesa, la domenica che ci siamo incontrati. A differenza del suo amico, Giovanni capisce e parla l'italiano. È proprio per questa ragione, per "sentir parlare italiano", che appena trasferitosi a Montréal dalla periferia di Ottawa per studiare all'università McGill ha iniziato a frequentare questa chiesa della Piccola Italia.

Mi racconta di essere stato un po' nostalgico di casa (*homesick*) e di essere andato lì alla ricerca della dimensione "culturale" italiana, più che di quella religiosa, come ad esempio incontrare degli altri italiani o andare a prendere un caffè nel quartiere dopo la messa. Se imparare l'italiano è una delle ragioni che lo spingono a frequentare la Madonna della Difesa e ascoltare il prete lo aiuta davvero molto per arricchire il suo vocabolario, non è l'aspetto linguistico puro che interessa Giovanni, quanto piuttosto la sua capacità di connetterlo con la sua famiglia e le sue origini italiane (Fortier, 1992).

Con il tempo però qualcosa "è cresciuto dentro" e ha iniziato ad apprezzare il fatto di partecipare alla messa, fino a continuare a frequentare questo rito anche quando di ritorno a casa, una cosa che non aveva mai fatto prima. È stata dunque la lontananza da casa a far crescere in Giovanni la pratica religiosa, quella della messa della domenica ma anche il fatto di recitare ogni sera il *Padre Nostro* prima di coricarsi. A differenza di Marco, Giovanni parla della sua famiglia come poco praticante, con i genitori che frequentano la messa solo per le occasioni più importanti. Insieme a Marco hanno però frequentato la stessa scuola primaria cattolica, dove la chiesa era letteralmente "alla porta accanto".

Giovanni sottolinea più volte che quello che lo interessa è l'"aspetto culturale" dell'andare in chiesa: "I wanted the italian kind of cultural aspect of it". Come se andare a messa fosse qualcosa che gli italiani fanno, e il fatto di riprodurre questo comportamento lo avvicini maggiormente alla sua famiglia lontana. Giovanni non nega che ci sia qualcosa di più profondo nella sua pratica e, paradossalmente, mi dice di non conoscere nessun altro alla Madonna della Difesa e di andarci generalmente per conto proprio. Il desiderio di incontrare altri italiani non significa quindi per forza sviluppare delle relazioni durature, ma semplicemente condividere un momento comunitario, essere presenti. La sola atmosfera italiana che si ricrea ogni domenica mattina in questa chiesa è sufficiente per lui. Infine, Giovanni mi confessa che un altro dettaglio lo ha portato proprio in questa chiesa: è qui che la sua bisnonna, originaria del Friuli, si è sposata tantissimi anni prima. Ancora una volta, il fatto di andare in chiesa è per Giovanni un modo per riconnettersi alla famiglia.

Per concludere, questo contributo non riporta che alcuni frammenti della religione vissuta di due giovani italo-montrealesi. L'obiettivo non è quello di generalizzare la loro esperienza, pretendendo che sia quella vissuta da tutti e tutte gli italiani di Montréal. Semplicemente, questi due racconti possono fornirci degli indizi sui significati molteplici che alcune pratiche religiose rivestono per gli emigranti e le emigranti italiane e le successive generazioni, così come sul carattere fluido dei confini tra religione cattolica, famiglia e italianità nello spazio migratorio.

BIBLIOGRAFIA

Ammerman Nancy, *Everyday Religion Observing Modern Religious Lives*, Oxford 2006.

Fortier Anne-Marie, "Langue et identité chez les Québécois d'ascendance italienne", *Sociologie et Societés*, 24(2), 1992, pp. 91–102.

McGuire Meredith, *Lived Religion: Faith and Practice in Everyday Life*, Oxford 2008.

Orsi Robert, *The Madonna of the 115th Street: Faith and Community in Italian Harlem, 1880-1950*, New Haven 1985.

Painchaud Claude *et* Poulin Richard, *Les Italiens du Québec*. Hull (Québec) 1988.

Ramirez Bruno, *Les premiers Italiens de Montréal: l'origine de la Petite Italie du Québec*, Montréal 1984.

Verso casa

Andrea Paolella

SOGNO SEMPRE DI TORNARE A CASA. Il ritorno è come una malattia che è in me. Lo chiamo fuoco di san Prospero (il patrono della mia città), invece che di sant'Antonio. Sogno sempre le mie strade, le luci della mia casa, mia mamma che mi aspetta sorridente. L'infanzia mi ritorna sempre davanti agli occhi, mi fa piangere. Penso al me bambino, con le lentiggini. Il sole sotto i platani della circonvallazione, le corse in bicicletta, ai tanti compagni di cui non so più nulla. L'amicizia, la gioventù, la felicità di avere tutta la vita davanti. Le giornate a rincorrere il pallone in parrocchia, il prete che esce e dice a me e ai miei amici di fare piano perché c'è la messa. Sentire esplodere la vita in me in quelle strade, in quella Pianura Padana che ancora amo tanto. Non è nostalgia, non sono rassegnato. L'idea di tornare è nel mio respiro. Io sono un pioppo sradicato da un argine del Po e portato in Canada. Tutto intero, con le radici, il nido delle rondini, l'odore della nebbia. Voglio solo ritornare a quella terra. I portici, l'Emilia. La mia dolce Emilia, che non ha creduto ma che un giorno, forse, si farà sedurre e si abbandonerà a me di nuovo.

Questo mio pensiero in tanti lo hanno già avuto: tornare a casa, tornare per raccontare delle storie che vengono dall'altra parte dell'oceano e ridere del passato, del viaggio, ridere ridere ridere ancora più felici di essere a casa. Aspetto questo. Molti non sono riusciti a ritornare, sono cresciuti qui, sono invecchiati qui negli ospizi abbandonati dai figli diventati canadesi. Sono morti qui. Sono arrivati ragazzi, freschi sposini. Hanno portato una valigia piena con il vestito della festa, la foto della mamma. I ricordi della nave che da Napoli li ha portati ad Halifax e poi del treno fino a Montréal. Molti hanno poi cercato di ricreare l'Italia, il loro paese, hanno portato qui le loro feste, le statue dei loro santi. Li hanno pregati quei santi per farli tornare, per non far morire la mamma lontana. Appena scesi dalla nave i compaesani si sono ritrovati, hanno giocato a briscola nei bar, fatto associazioni, hanno costruito chiese. Hanno vissuto da fratelli e si sono consolati.

Come fotografo ho sentito la necessità di rappresentare la mia mancanza che è poi la stessa mancanza di tanti emigranti prima di me. Ho sentito il bisogno di fotografare questo mondo, il mondo del viaggio e dell'identità. E ho allora pensato alle chiese. Ho fatto queste fotografie con grande trasporto, perché in ognuna delle undici chiese mi sentivo a casa.

Per realizzare questo lavoro ho preso tante metropolitane, ho aspettato tanti autobus nella neve, ho preso tanto freddo. Ho fumato tante sigarette nervosamente. Ho fatto tante telefonate. Insomma, ho lavorato tanto. Ma ne valeva la pena. Ne vale sempre la pena!

Églises et missions italiennes
Chiese e missioni italiane
Italian churches and missions

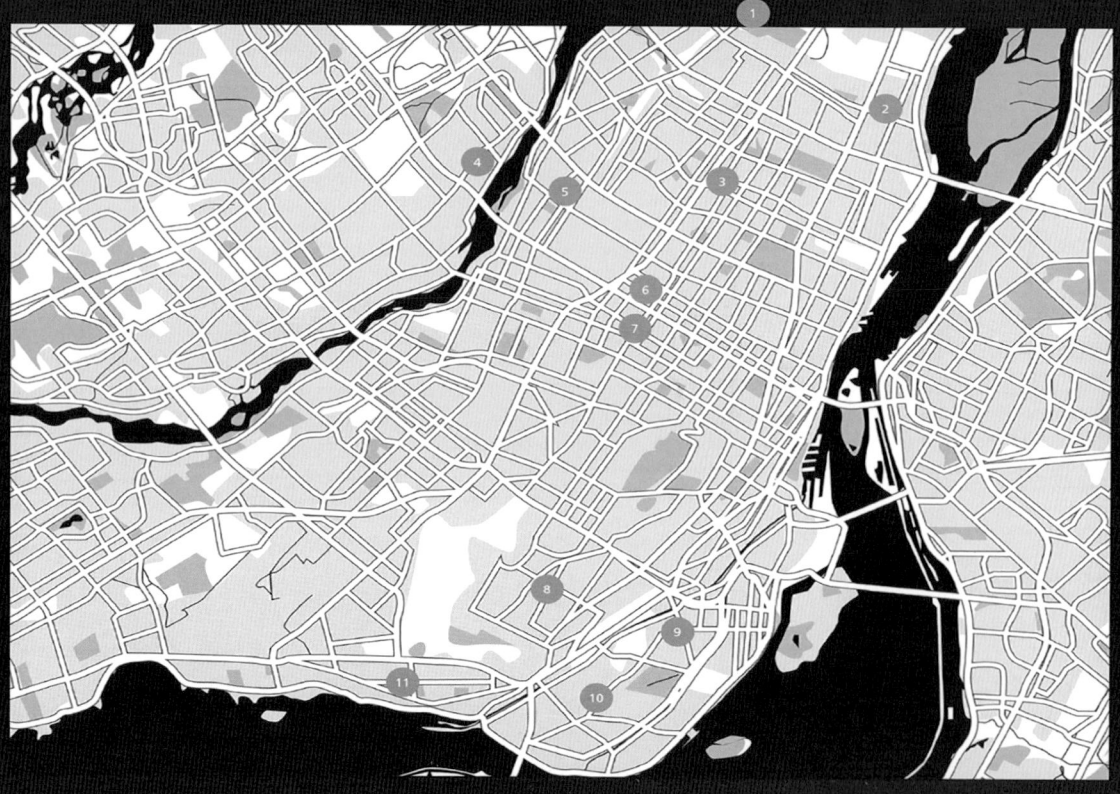

1. **Église Marie-Auxiliatrice de Rivière-des-Prairies**
   Maria Ausiliatrice

2. **Église** *San Domenico Savio*

3. **Église Notre-Dame-du-Mont-Carmel**
   Madonna di Monte-Carmelo

4. **Église Notre-Dame-de-l'Amour-Divin**
   Madonna del Divino Amore

5. **Église Notre-Dame-de-Pompei**
   Madonna Di Pompei

6. **Église Notre-Dame-de-la-Consolata**
   Nostra Madre della Consolata

7. **Église Notre-Dame-de-la-Défense**
   Madonna della Difesa

8. **Église Sainte-Catherine-de-Sienne**
   Santa Caterina da Siena

9. **Église Saint-Jean-Bosco**
   San Giovanni Bosco

10. **Église Mère-des-Chrétiens**
    Madre dei Cristiani

11. **Mission** *Annunziata*

Montréal

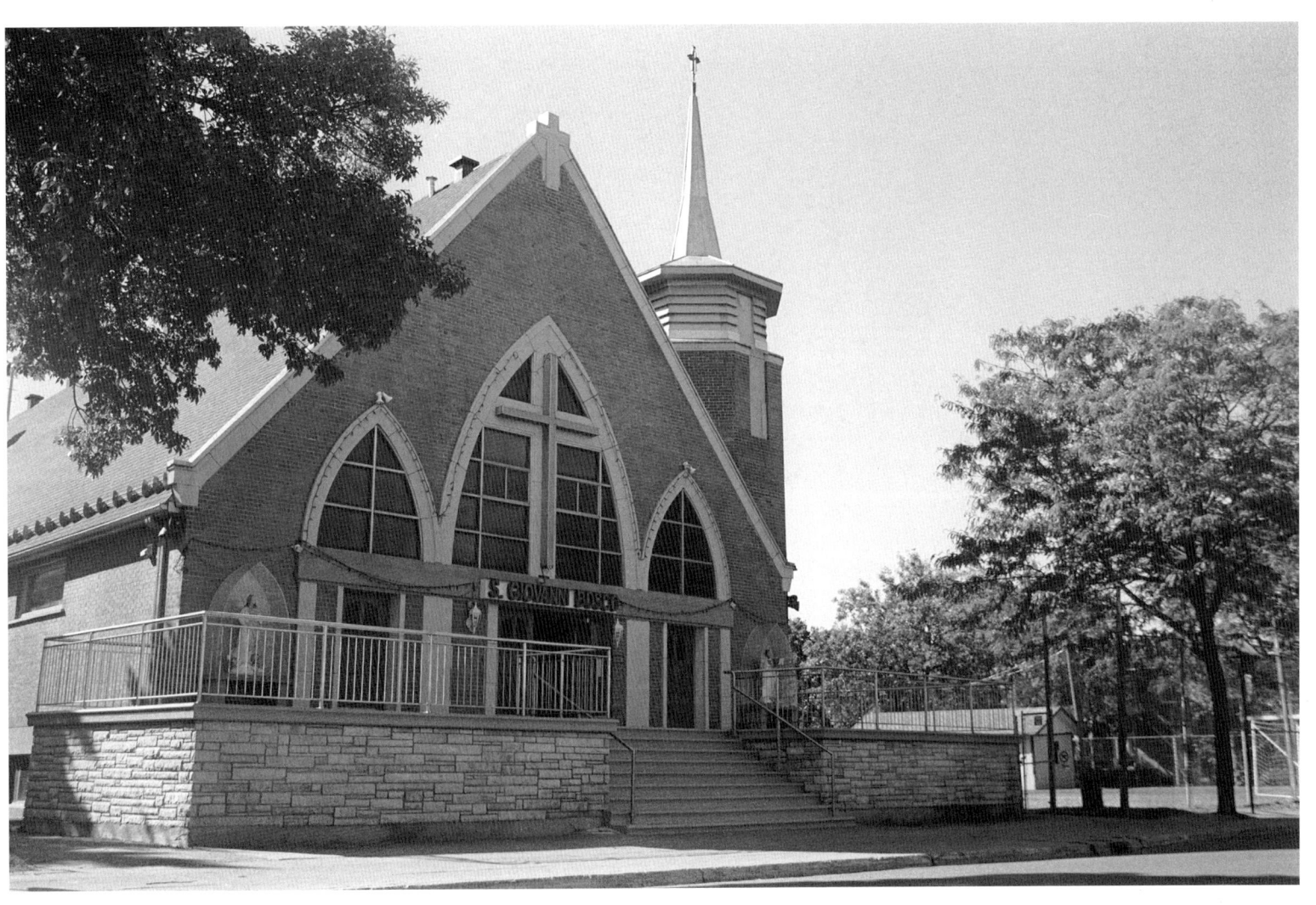

Chiesa San Giovanni Bosco, esterno – marzo 2018

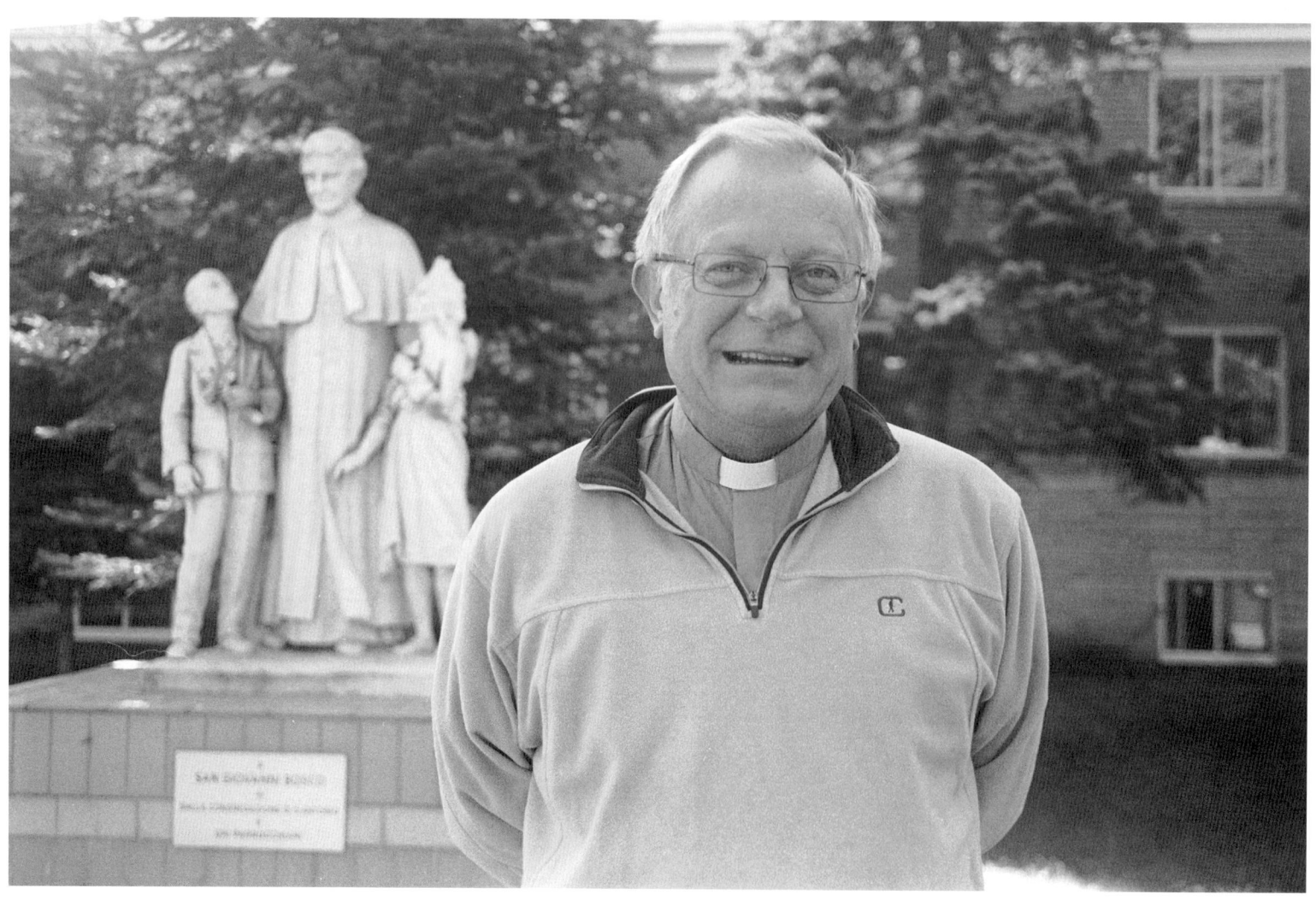

Don Francesco Sandrin, parroco della Chiesa San Giovanni Bosco – marzo 2018

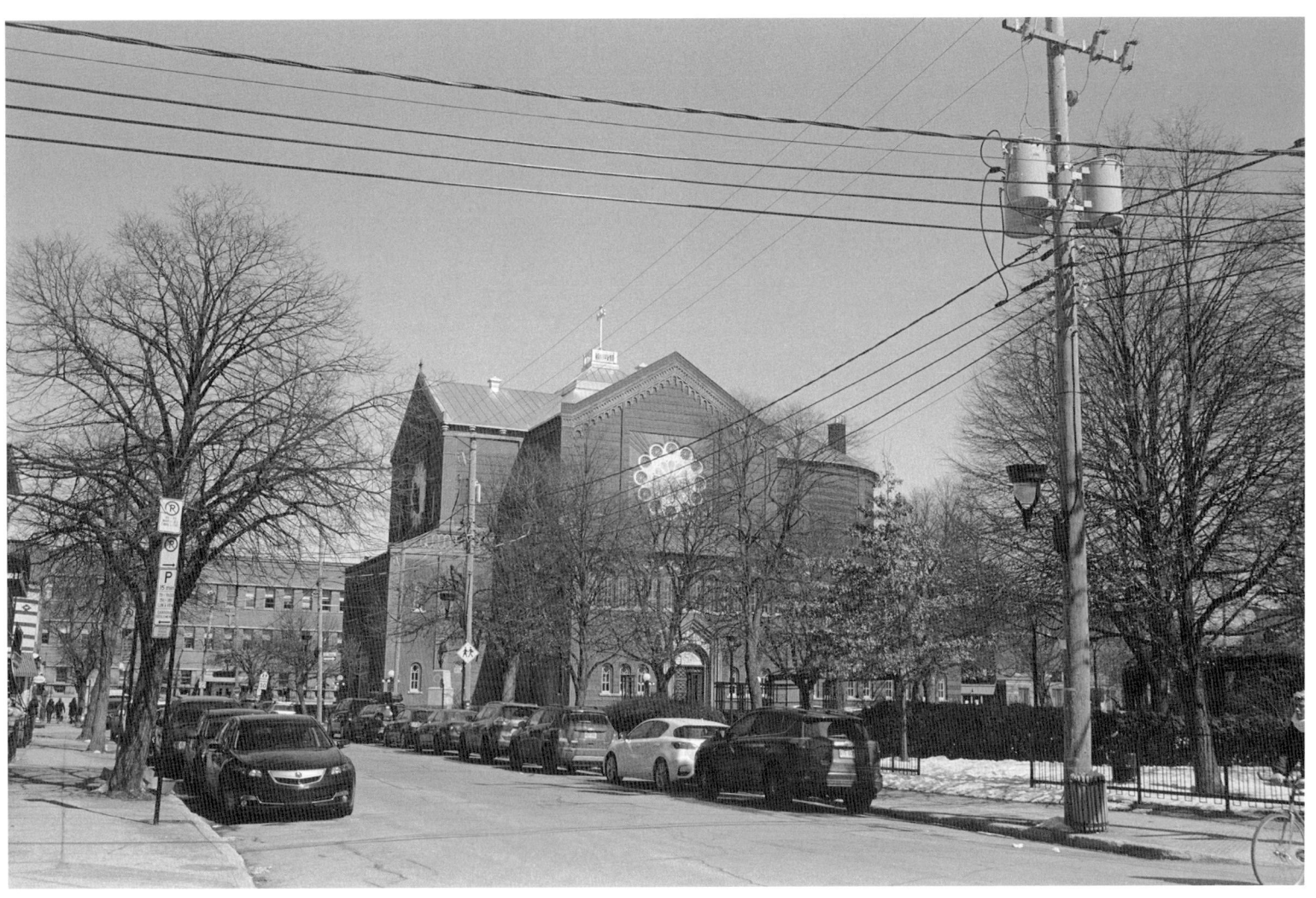

Chiesa Madonna della Difesa, esterno – maggio 2019

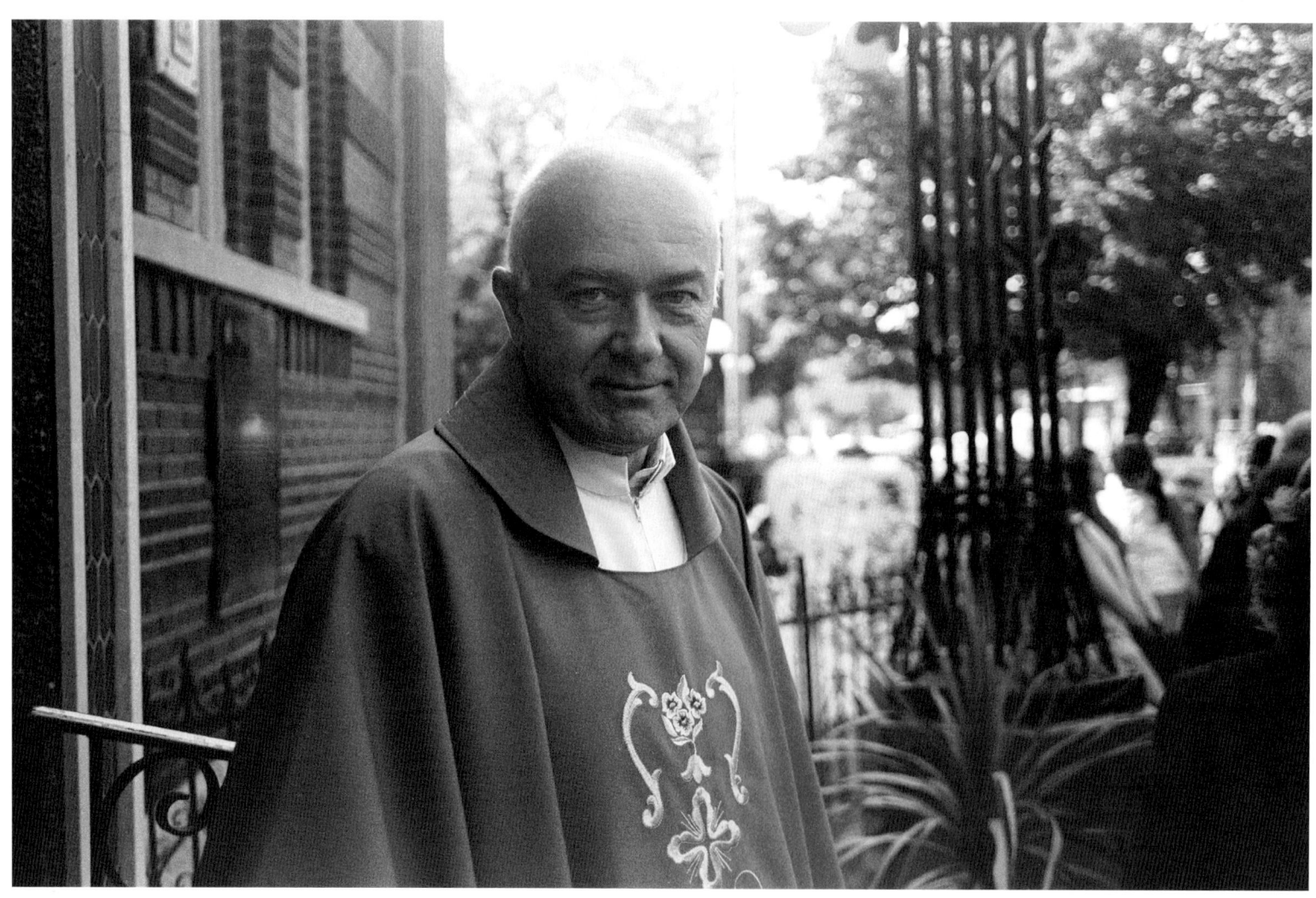

Don Claudio, parroco Chiesa Madonna della Difesa – aprile 2019

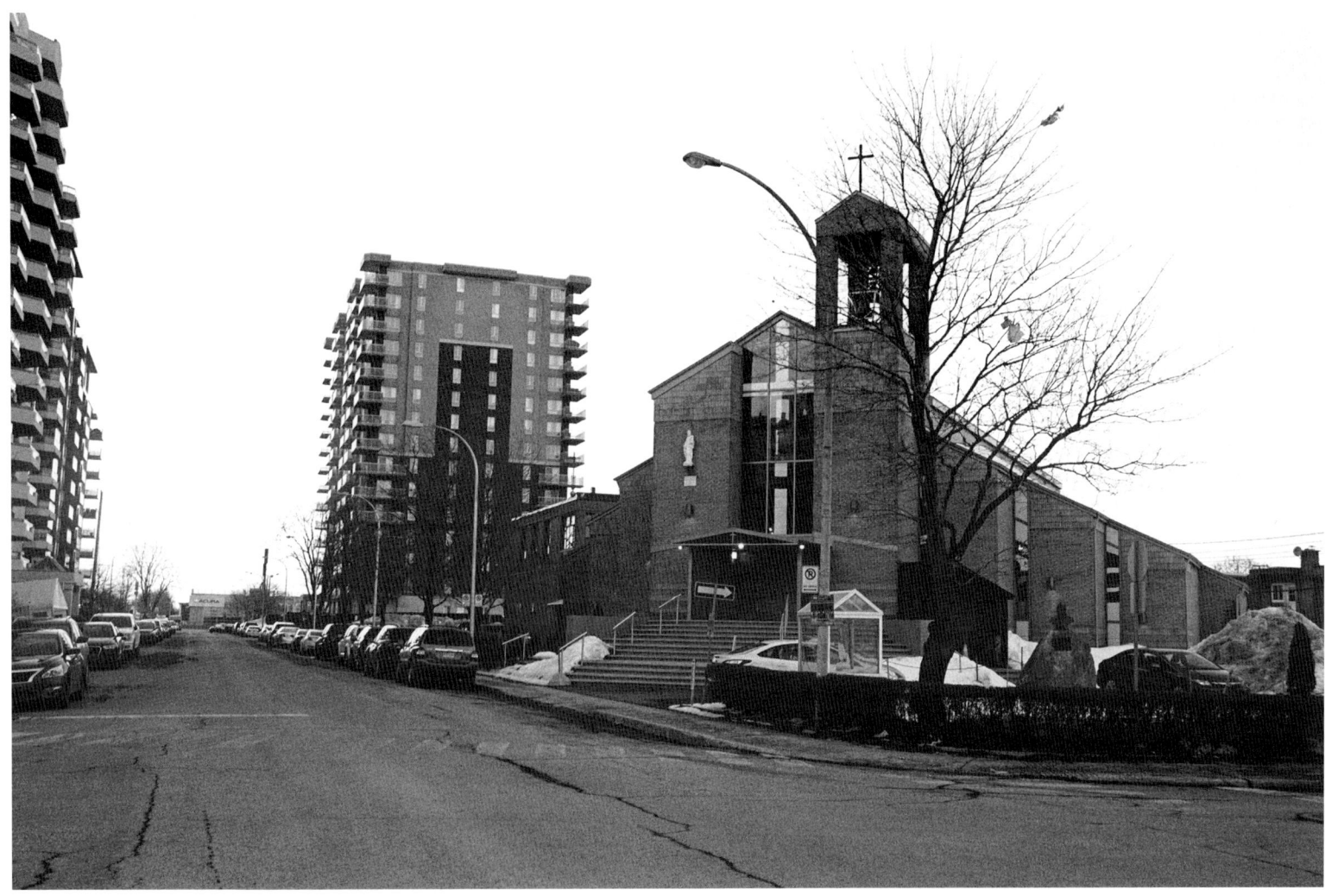

Chiesa Madonna del Monte Carmelo, esterno – gennaio 2019

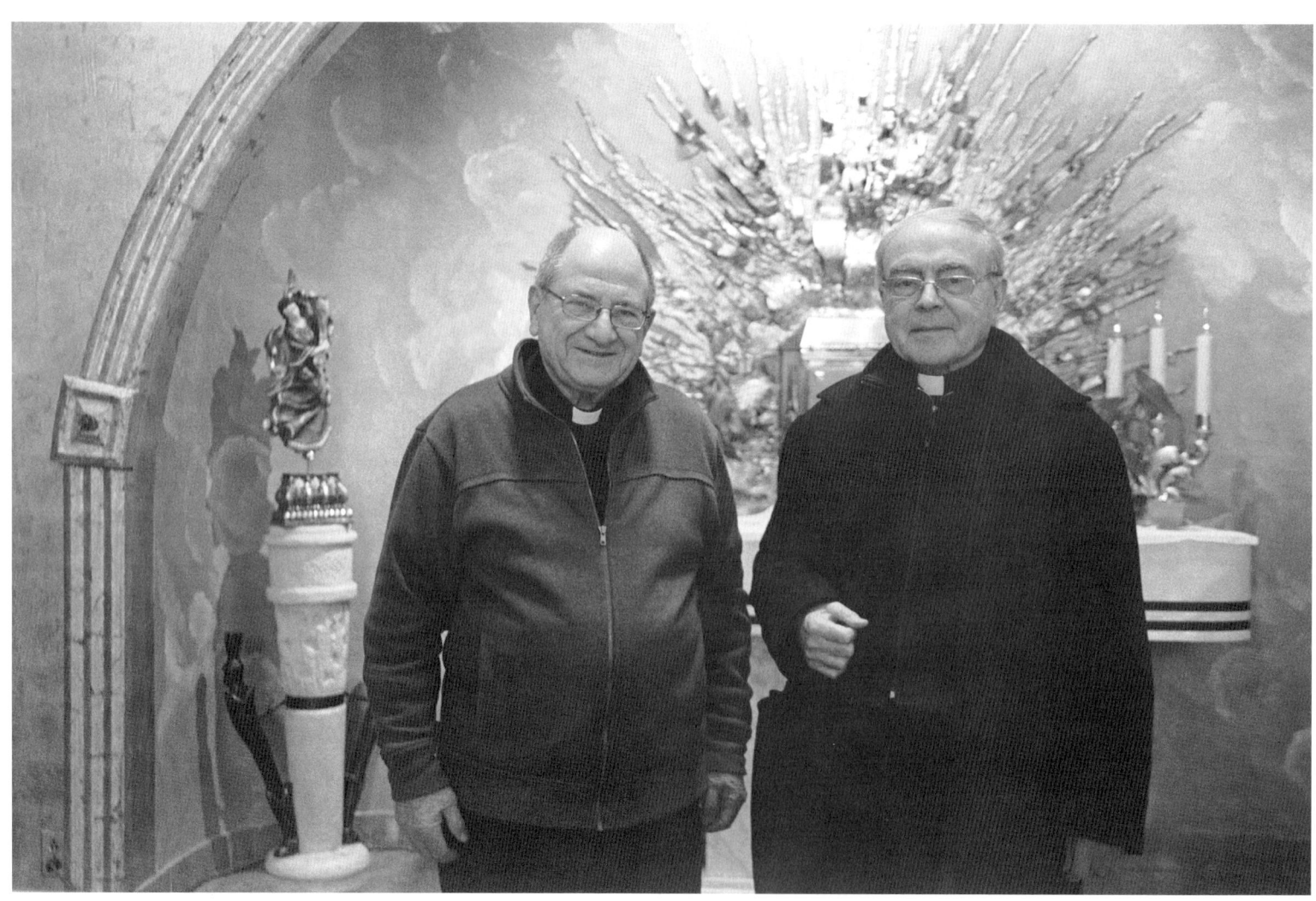

Chiesa Madonna del Monte Carmelo, parroco e viceparroco – gennaio 2019

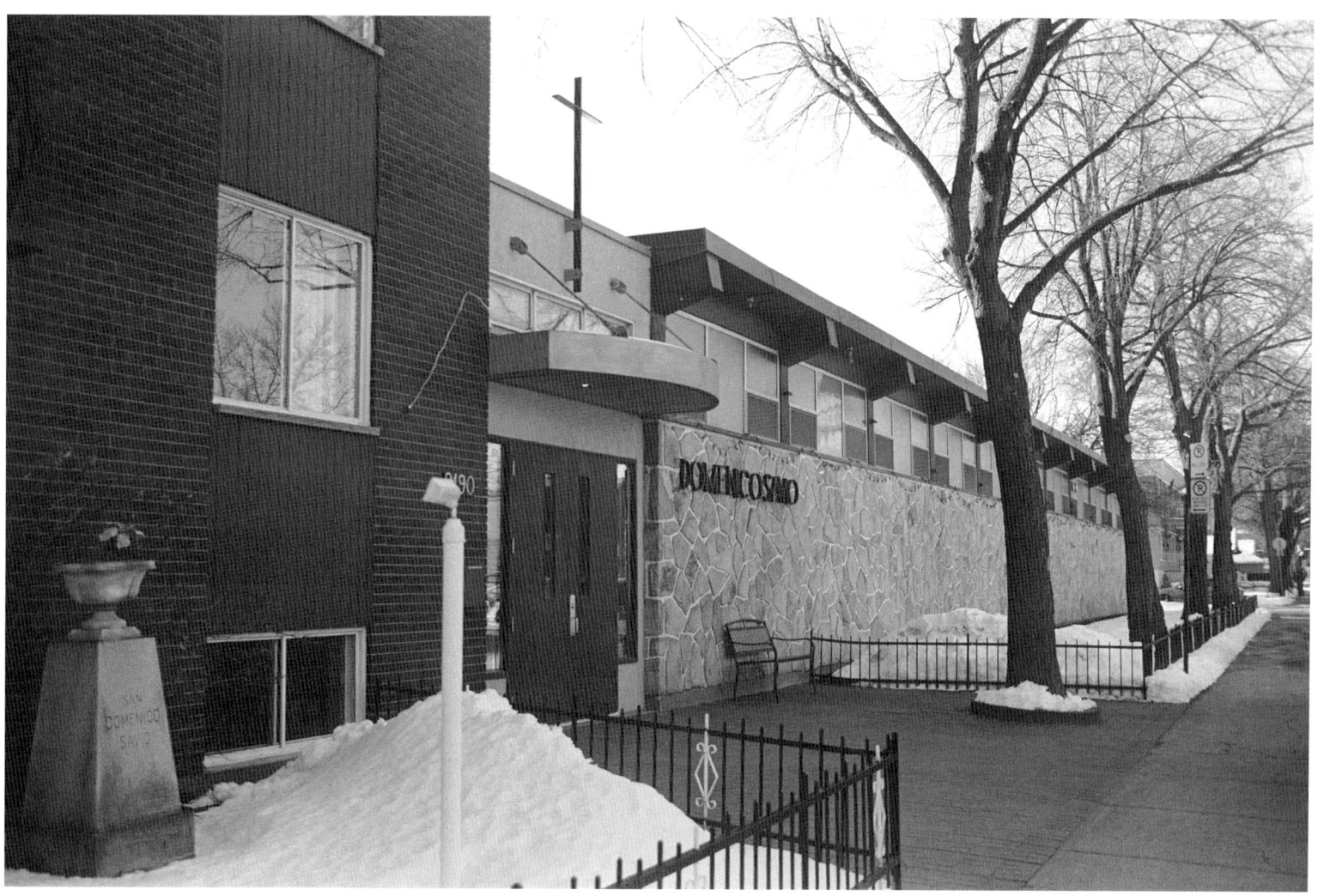

Chiesa San Domenico Savio, esterno – aprile 2019

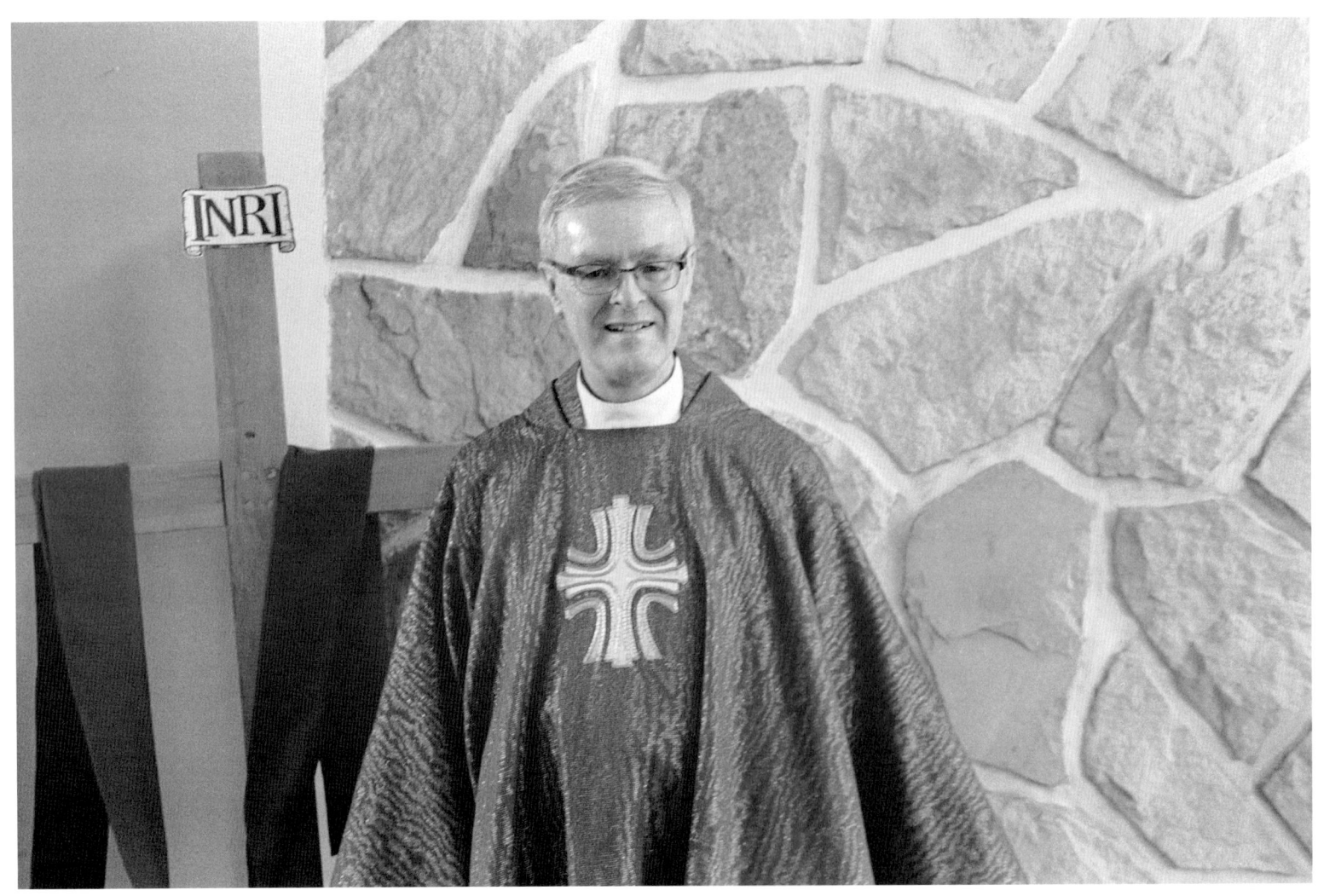

Chiesa San Domenico Savio, parroco – aprile 2019

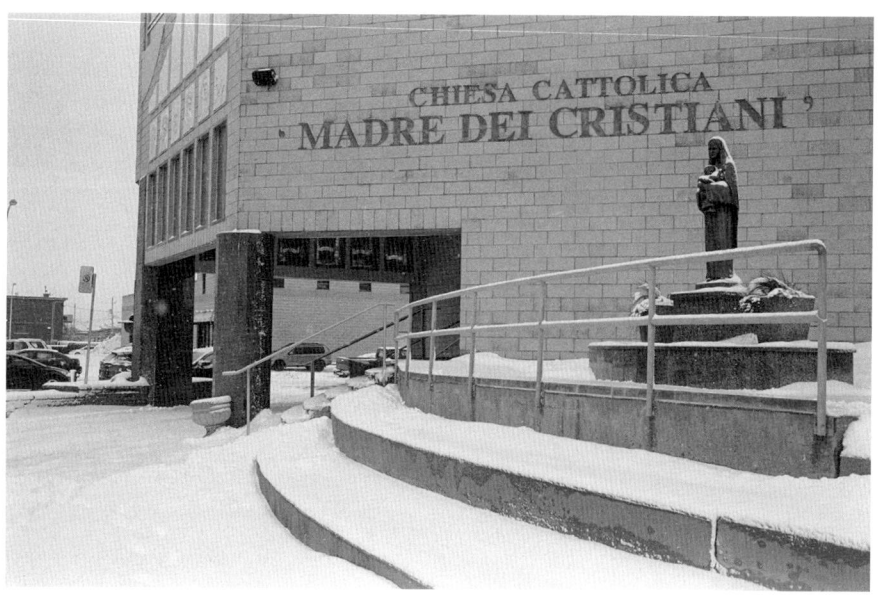

Chiesa Madre dei Cristiani, esterno – febbraio 2019

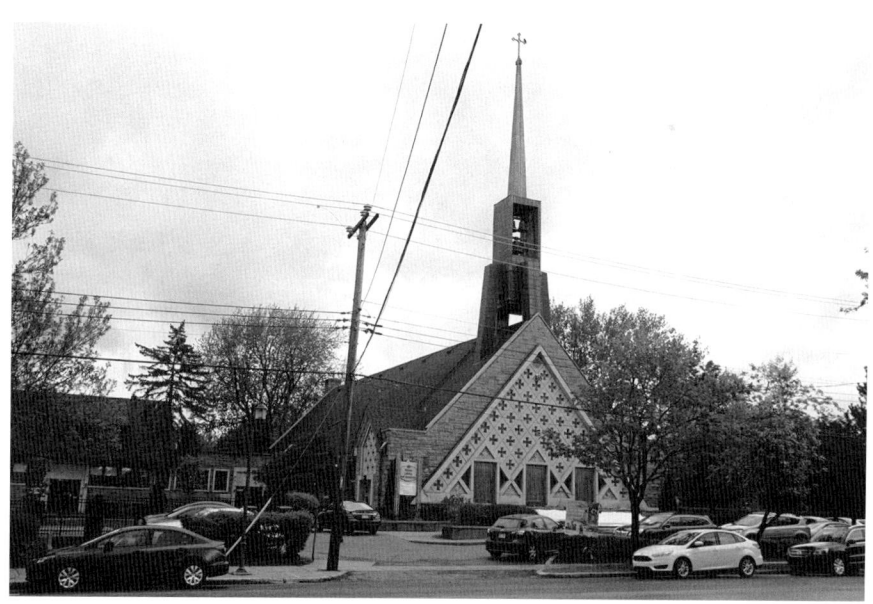

Chiesa dell'Annunziata, esterno – ottobre 2019

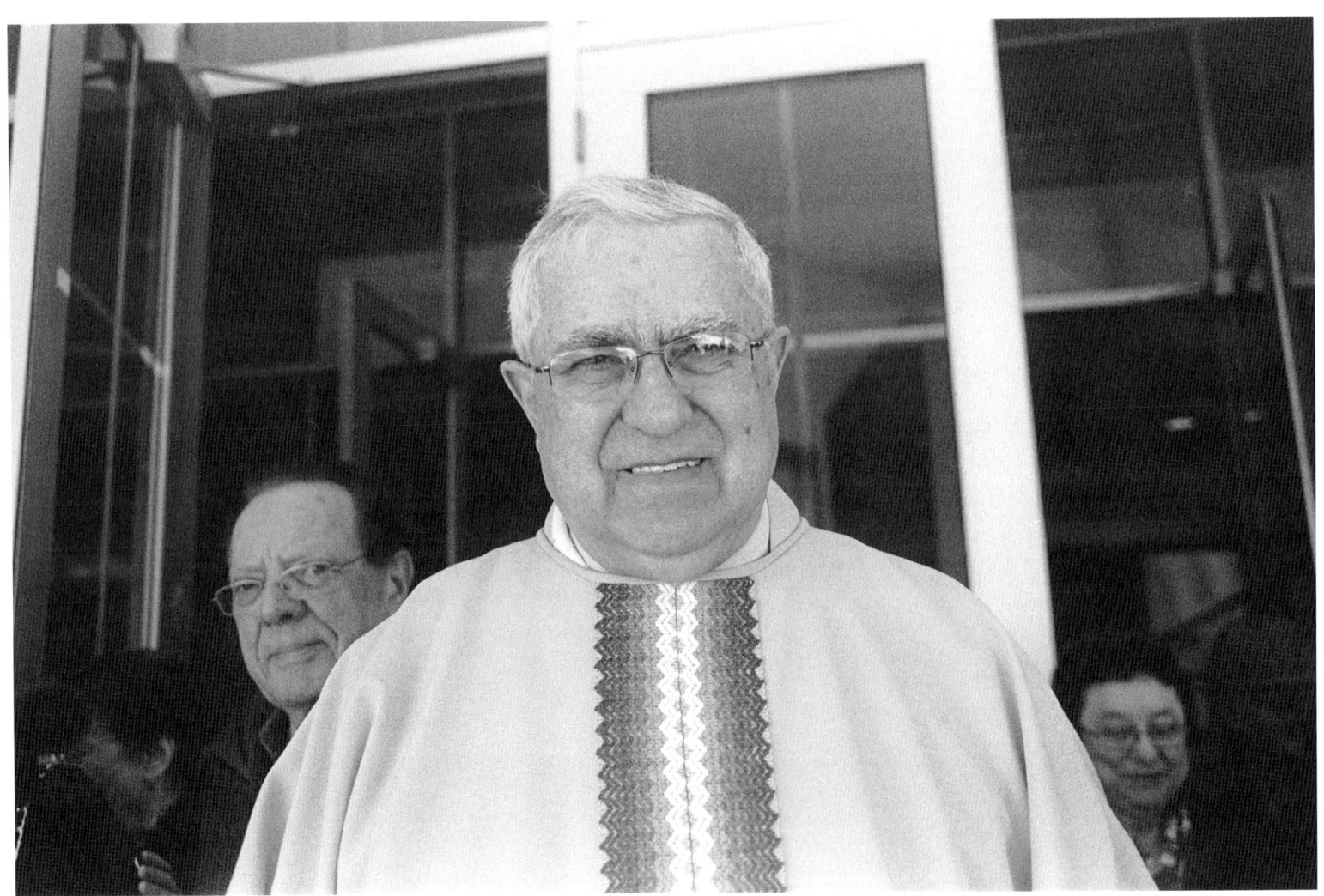

Padre Fugolo, parroco – febbraio 2019

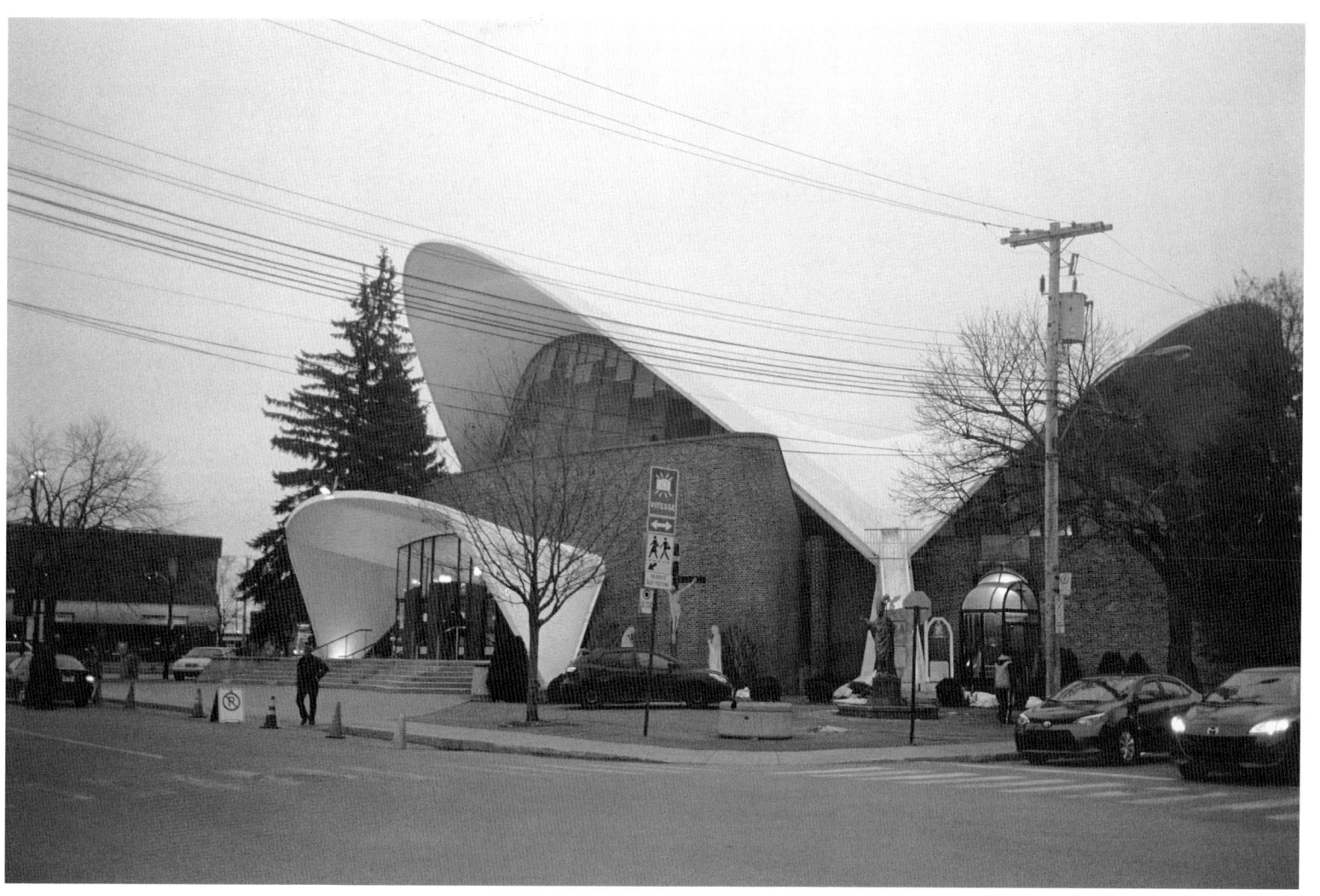

Chiesa Madonna di Pompei, esterno – agosto 2019

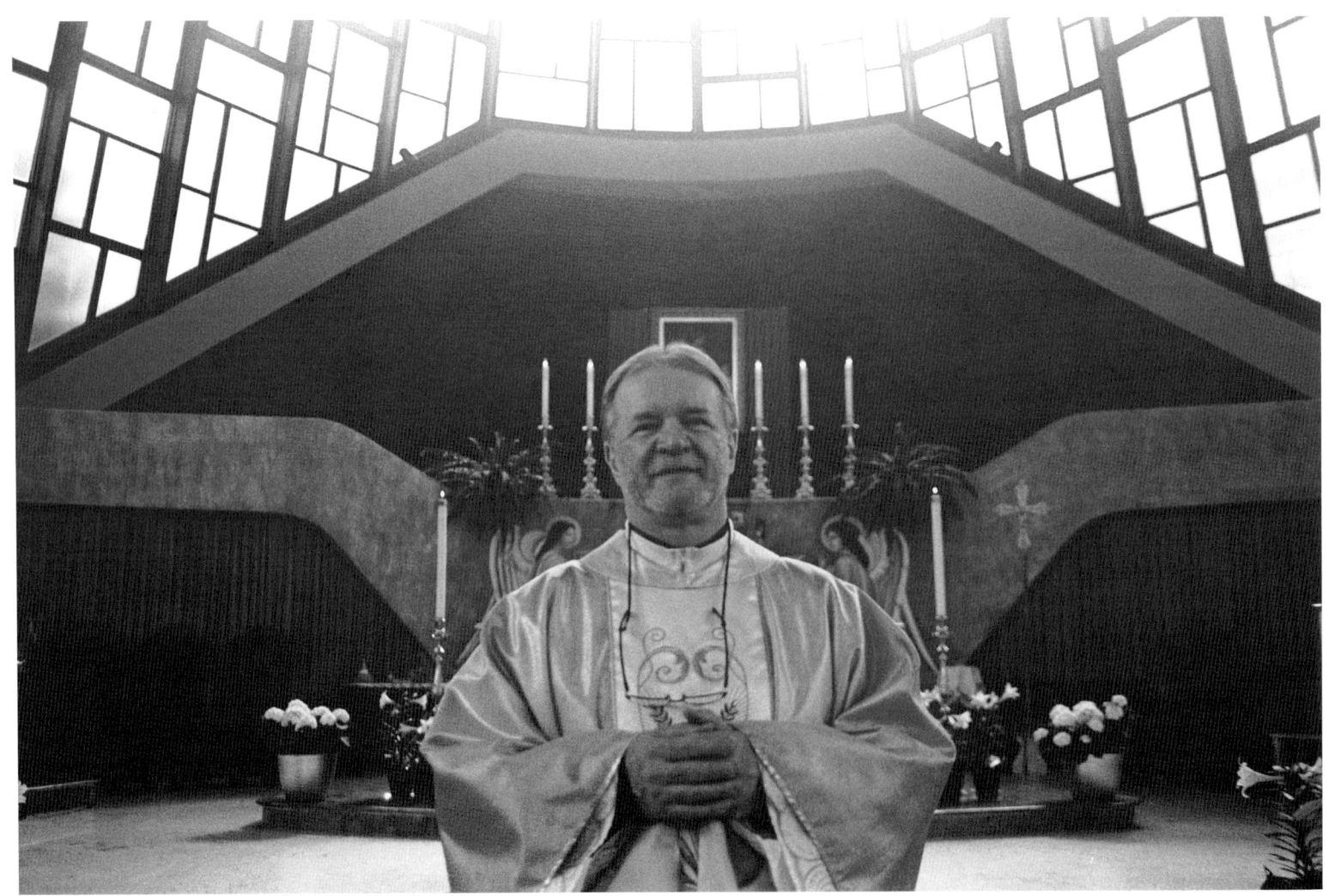

Chiesa Madonna di Pompei, parroco – agosto 2019

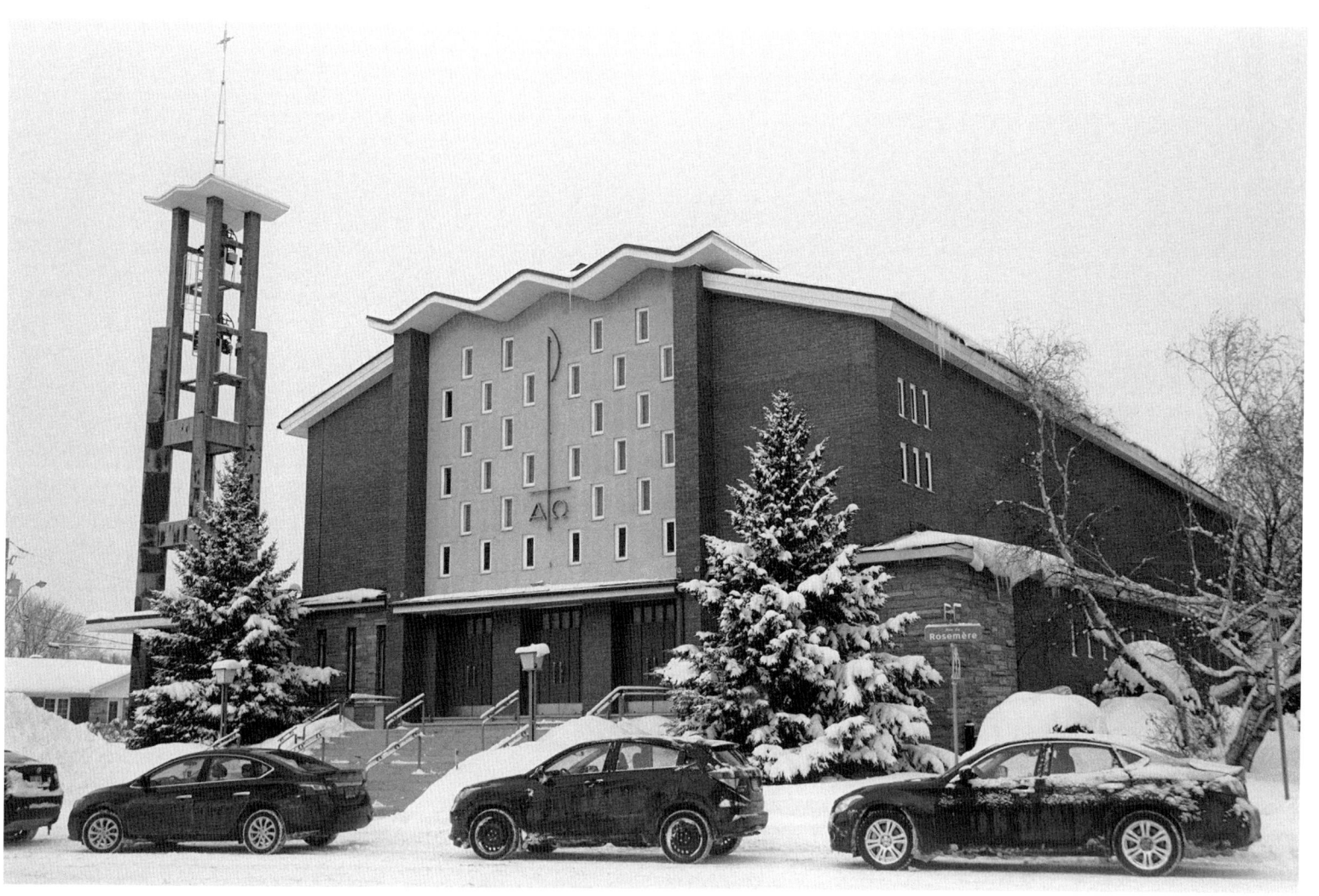

Chiesa Madonna del Divino Amore, esterno – gennaio 2019

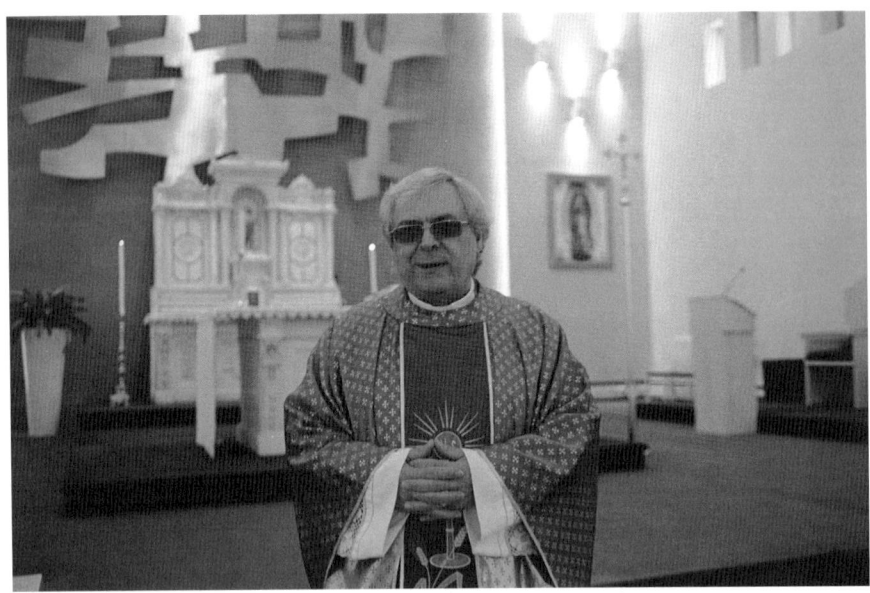

Padre Pierangelo Paternieri, parroco della
Chiesa Madonna del Divino Amore – gennaio 2019

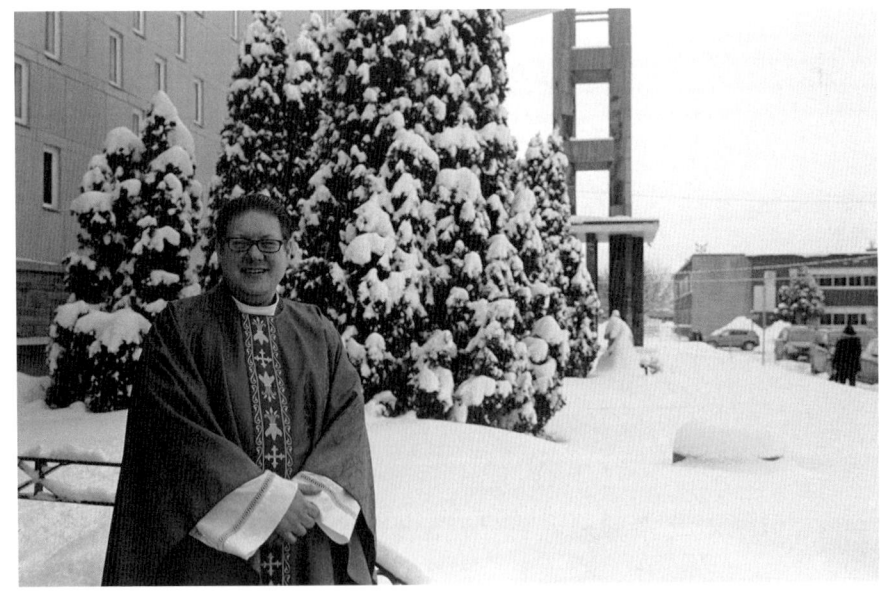

Padre Frank Scalia, viceparroco della
Chiesa Madonna del Divino Amore – gennaio 2019

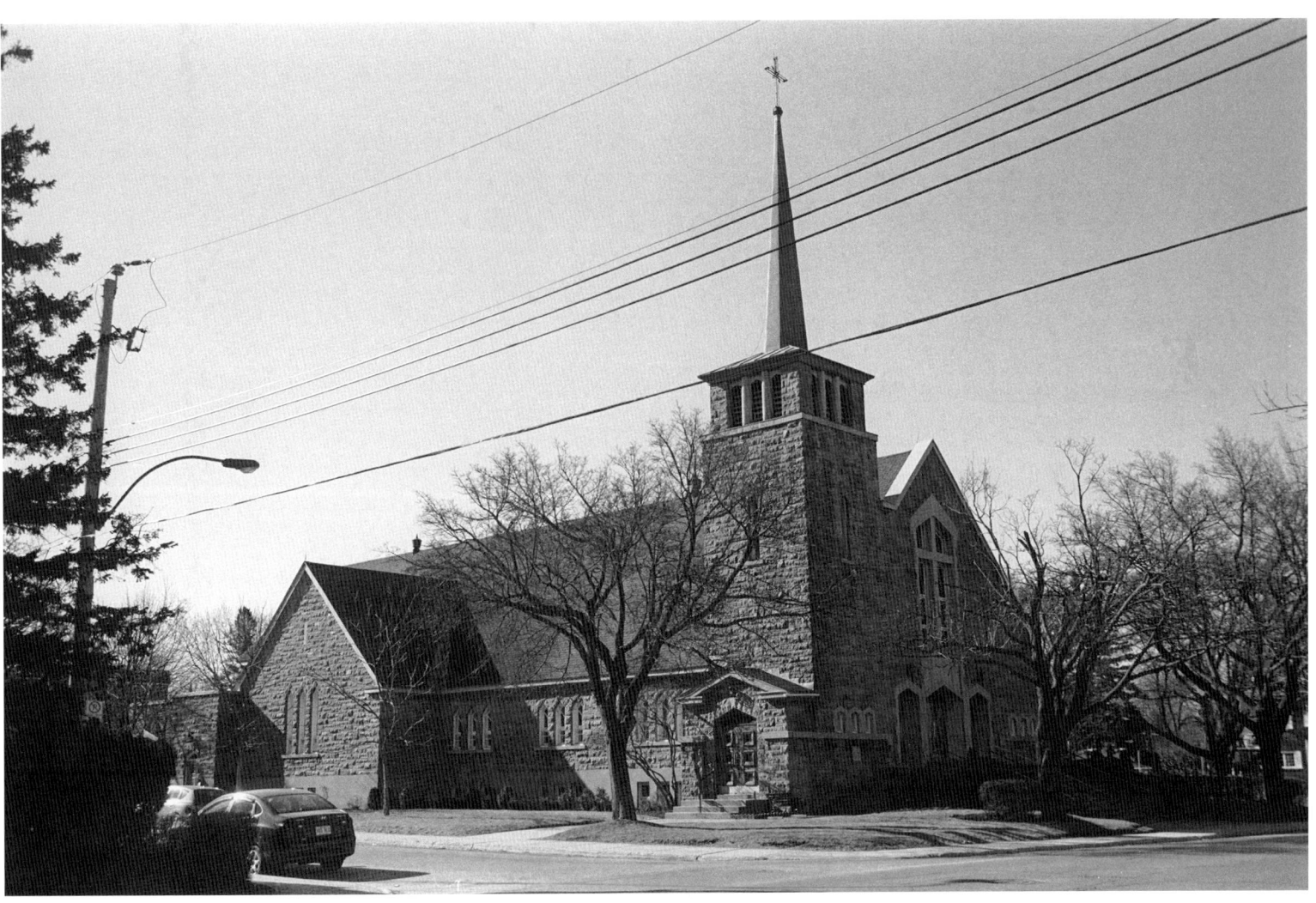

Chiesa Santa Caterina da Siena, esterno – aprile 2019

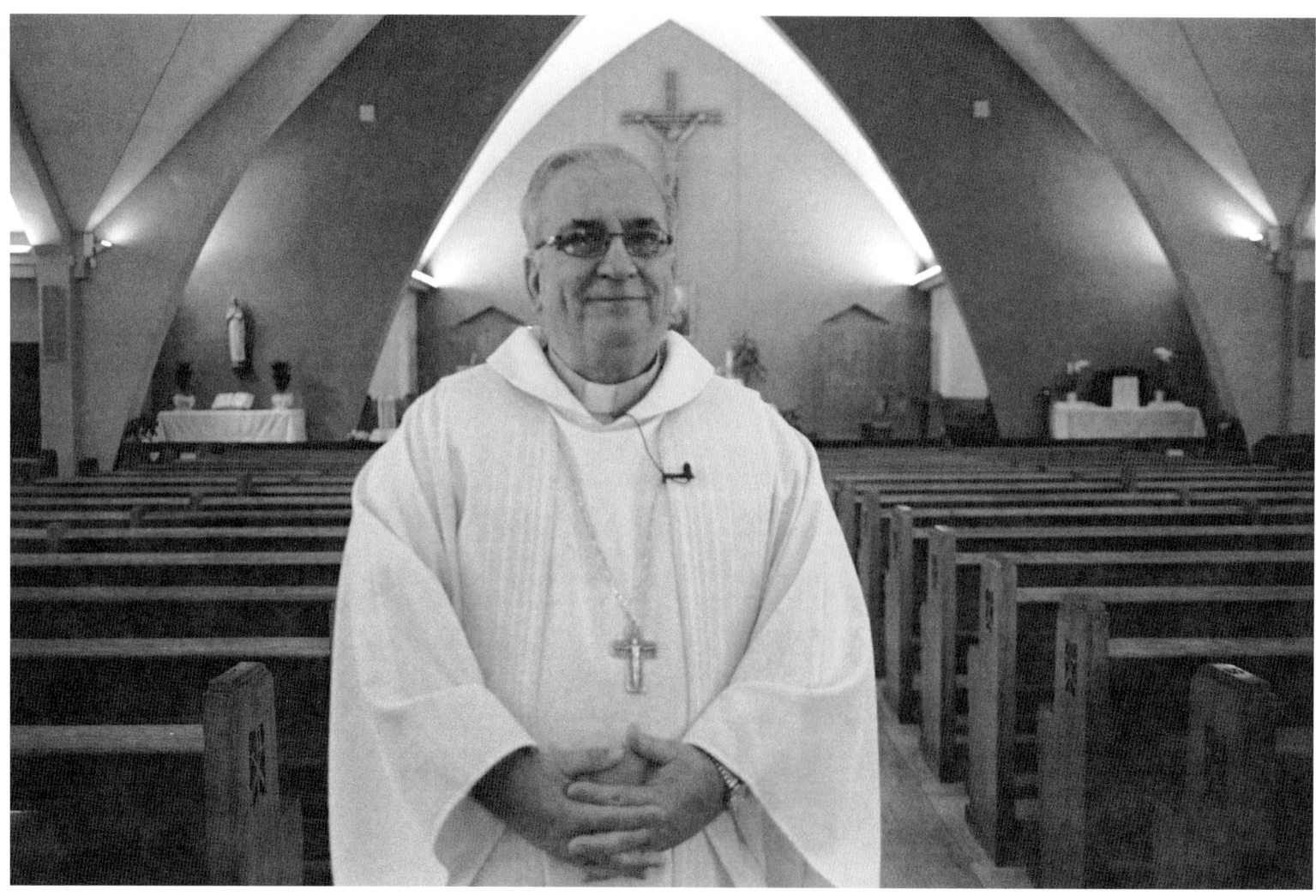

Monsignor Igino, parroco della Chiesa Santa Caterina da Siena – aprile 2019

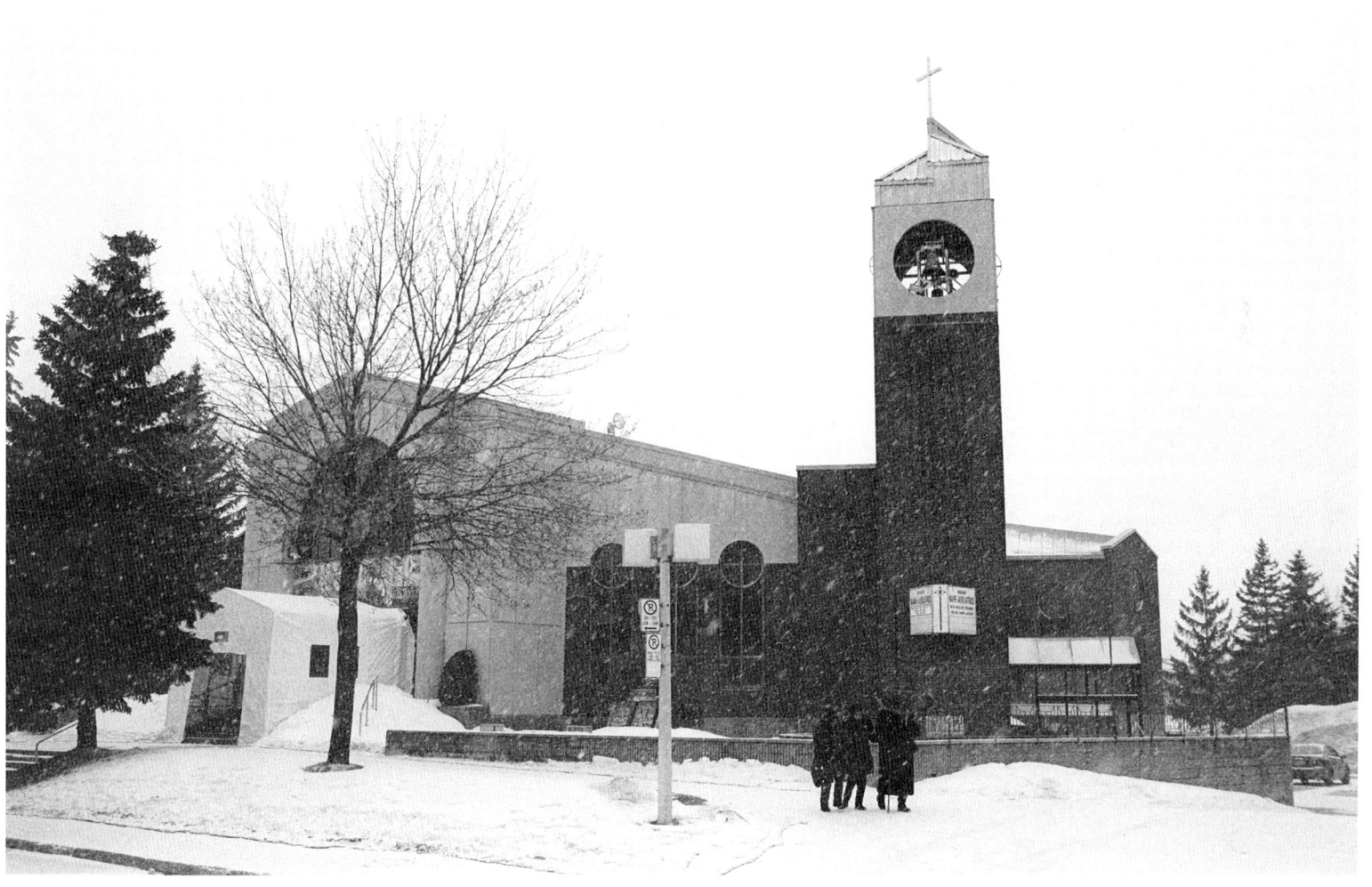

Chiesa Maria Ausiliatrice, esterno – novembre 2019

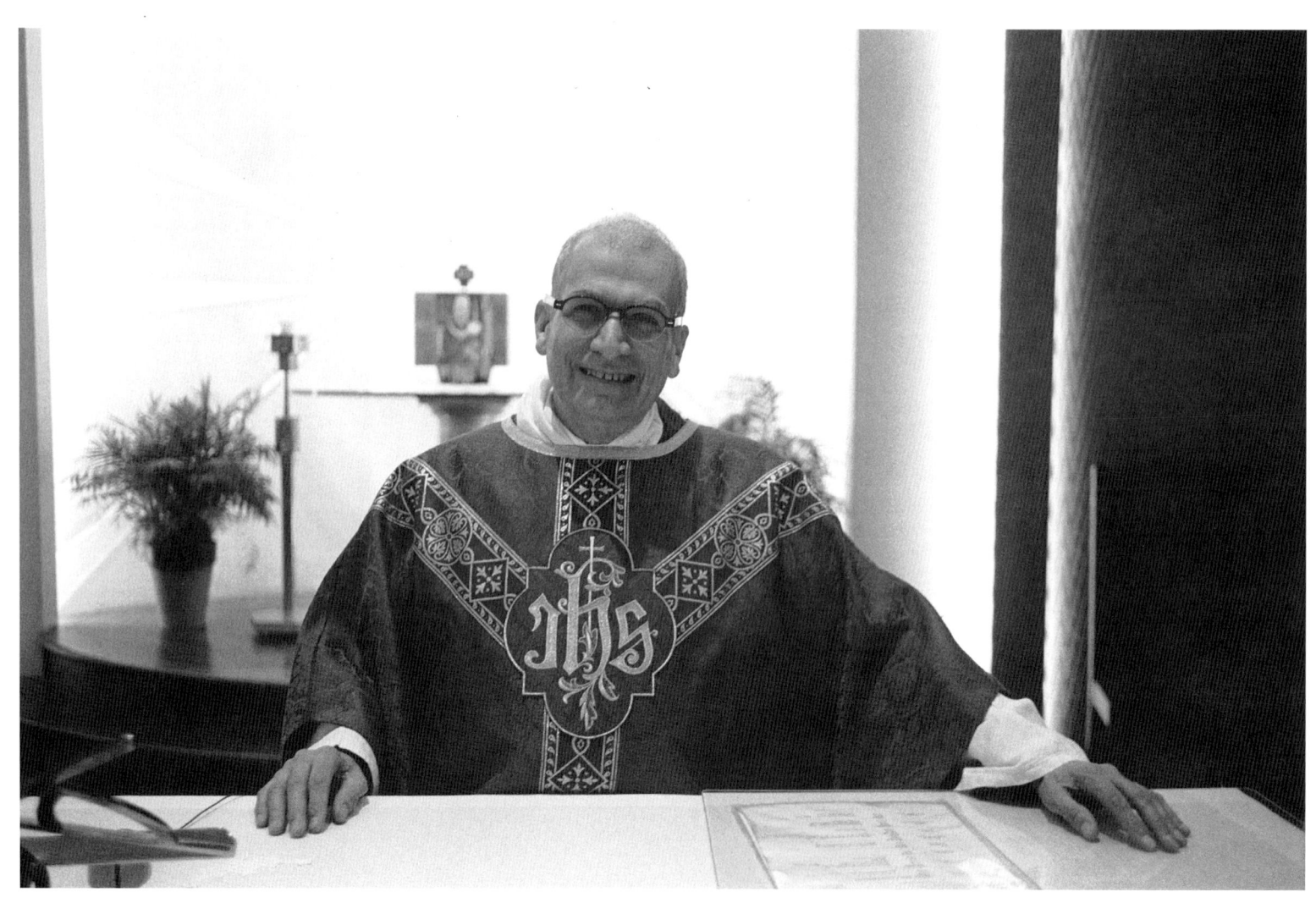

Père Jean Pierre Couturier, parroco della Chiesa Maria Ausiliatrice – novembre 2019

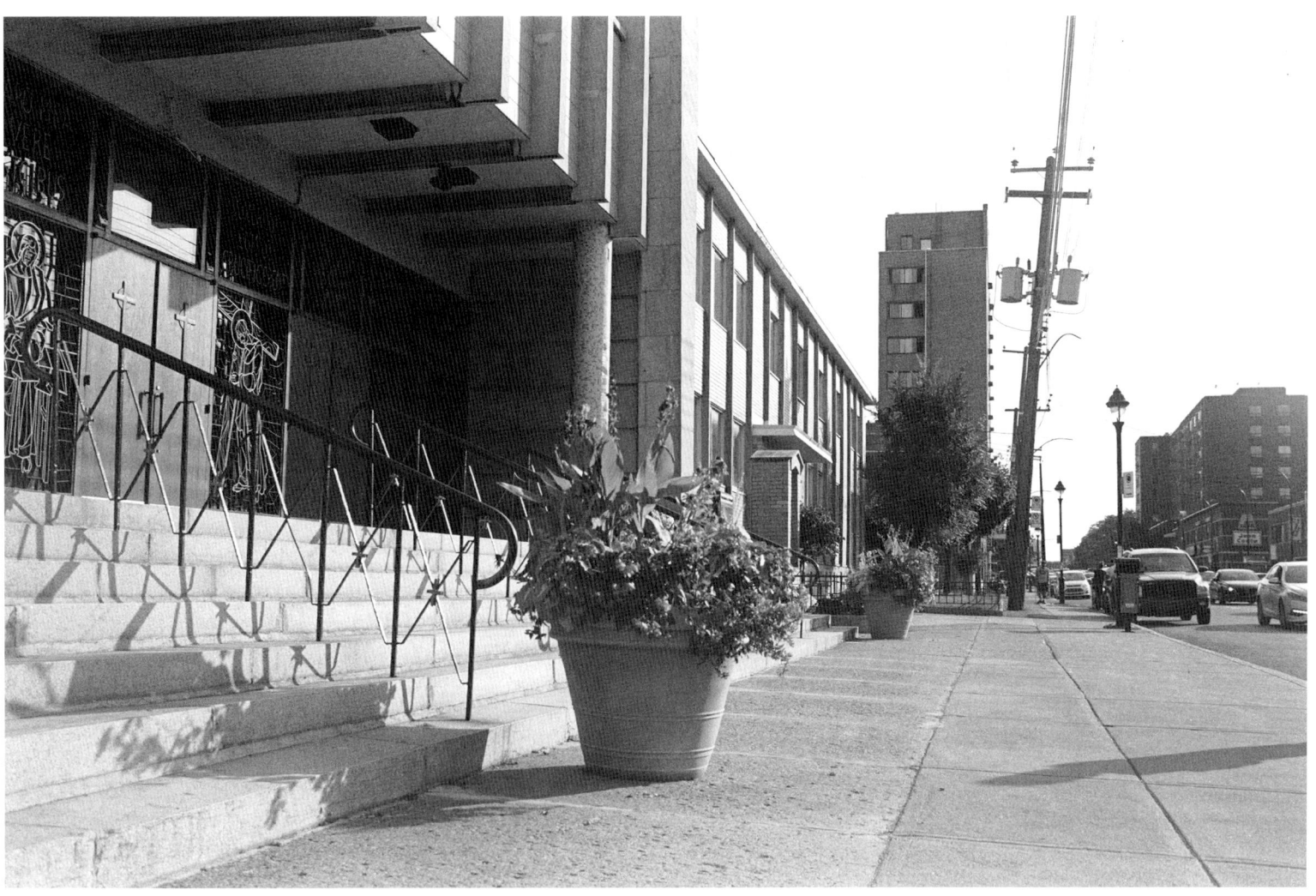

Chiesa Madonna della Consolata, esterno – ottobre 2018

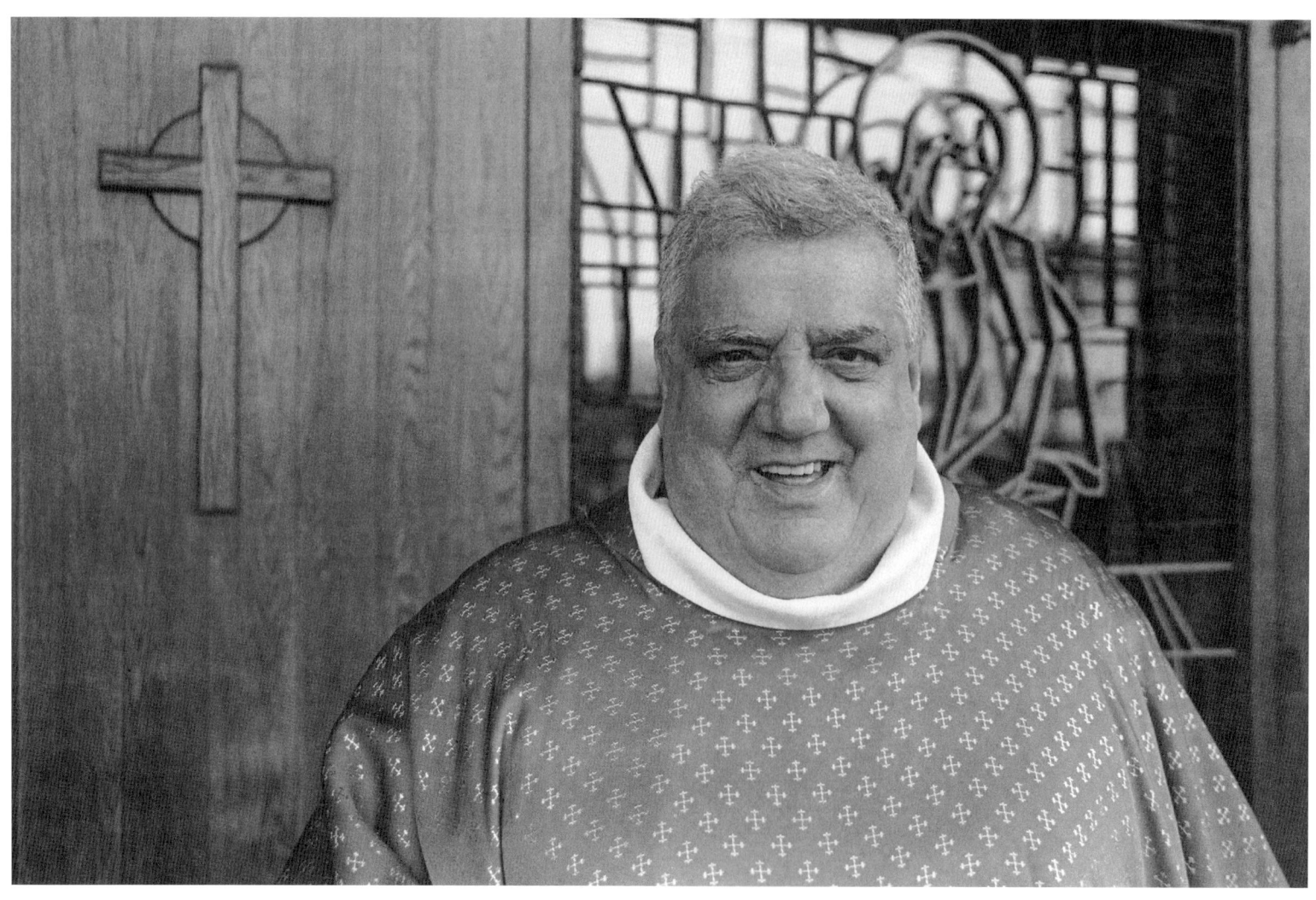

Don Mario Riva, parroco della Chiesa Madonna della Consolata – ottobre 2018

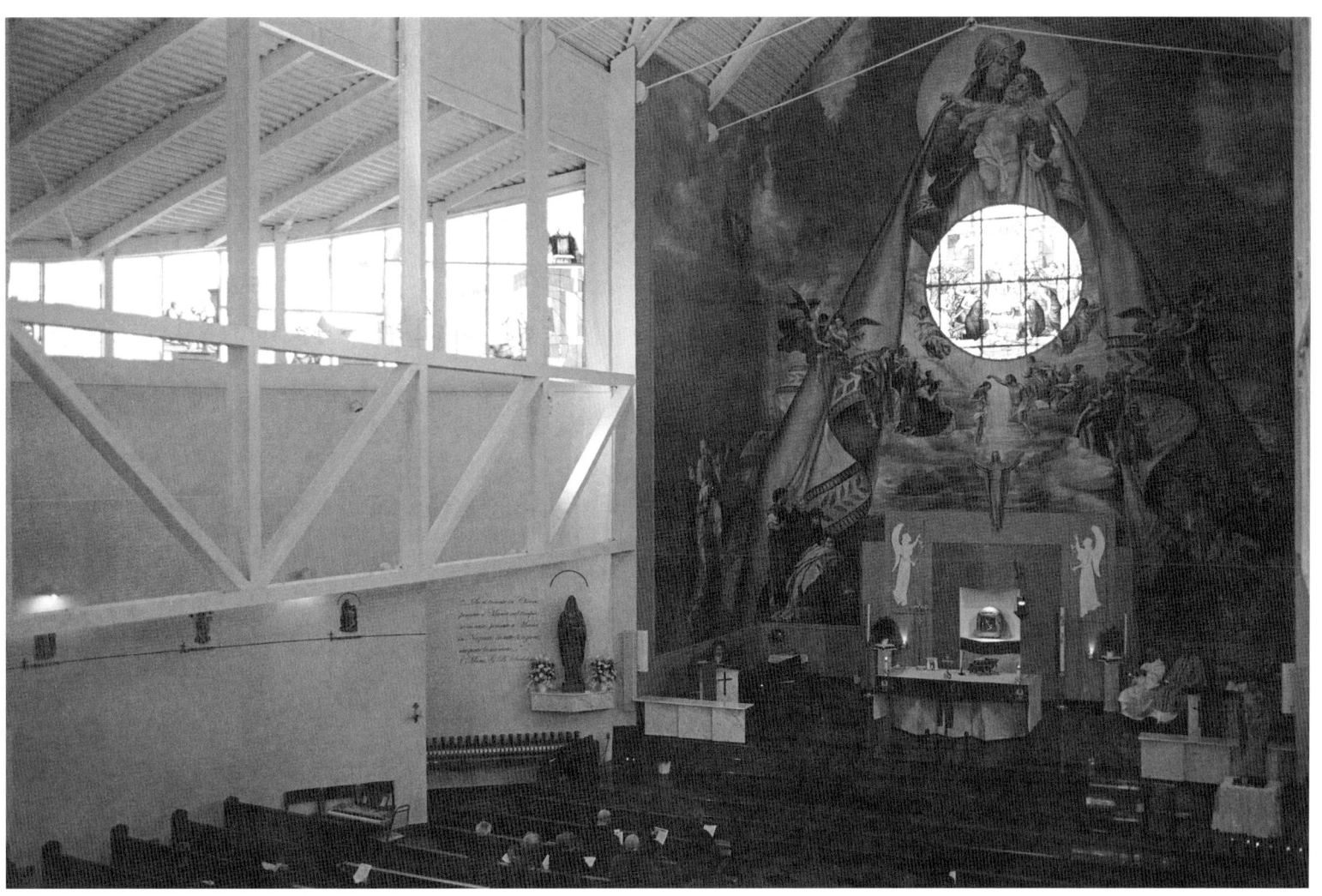

Chiesa Madre dei Cristiani – febbraio 2019

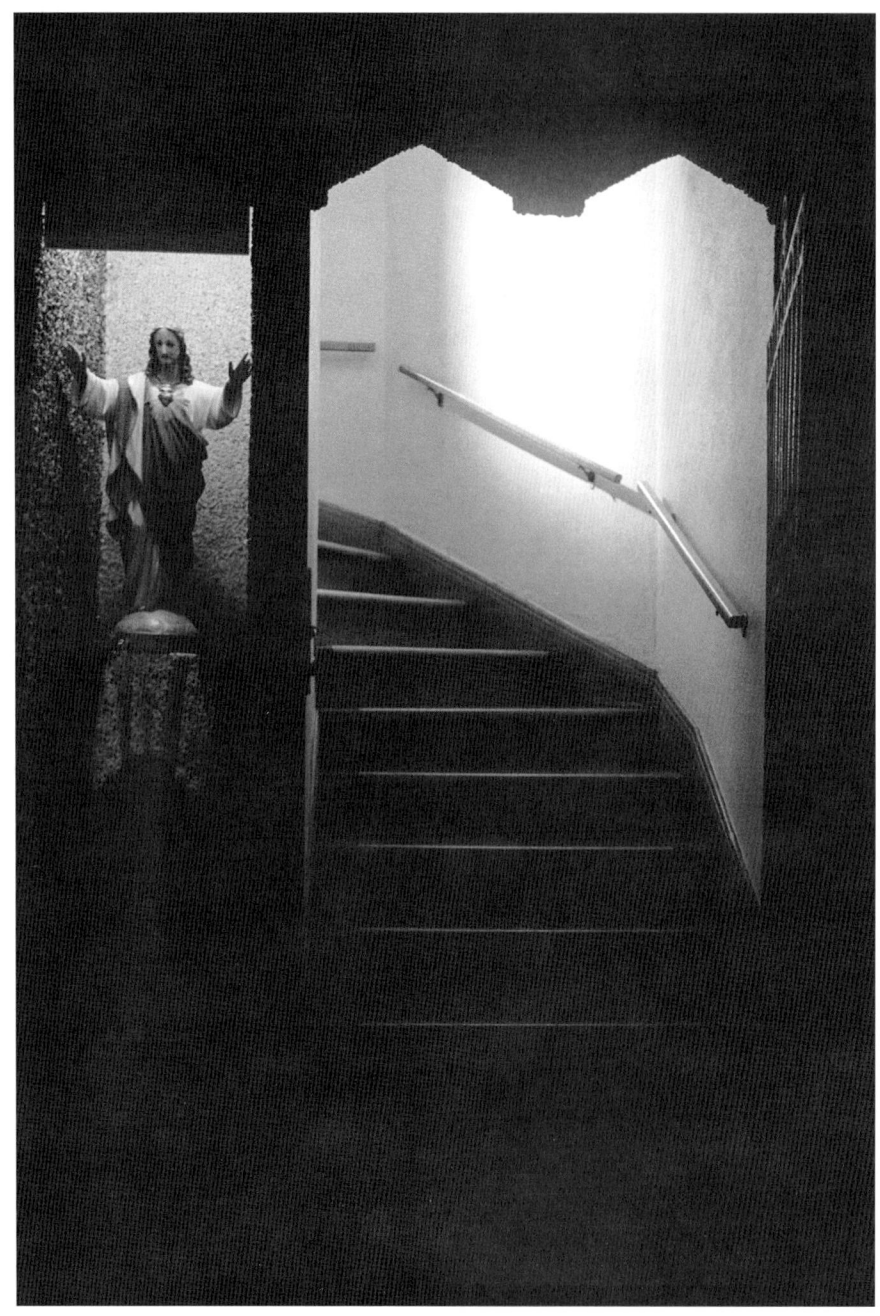

Chiesa della Madonna della Consolata – novembre 2018

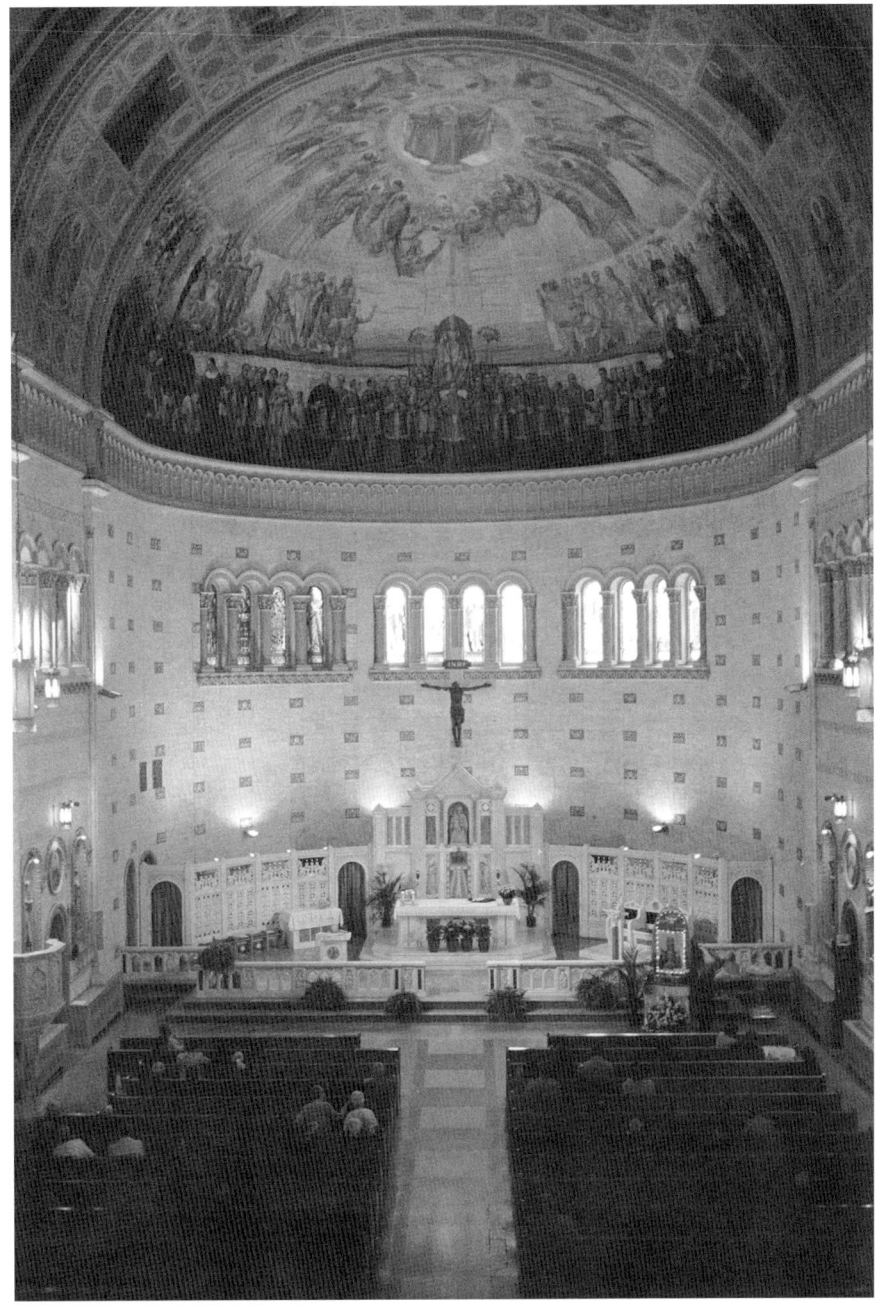

Chiesa Madonna della Difesa – aprile 2019

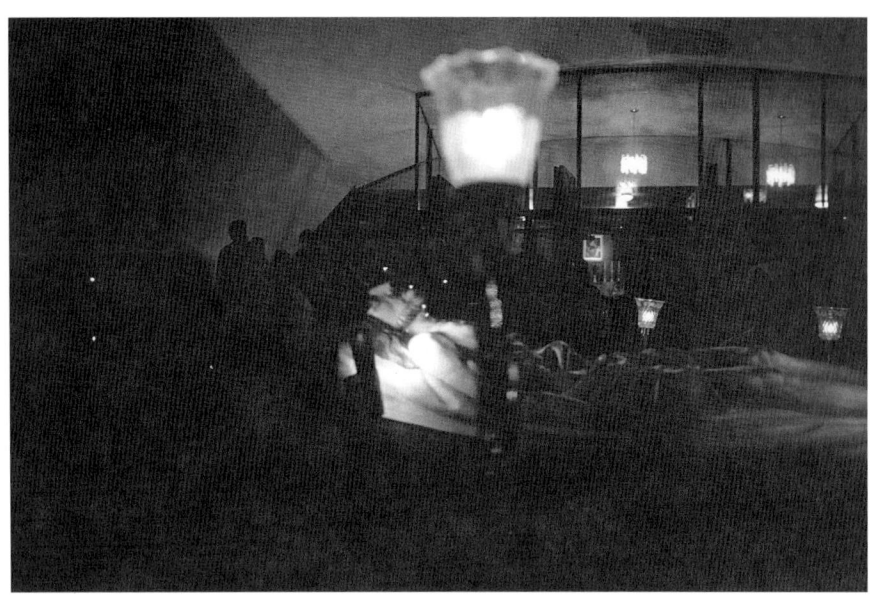

Chiesa Madonna di Pompei, Venerdì Santo – aprile 2019

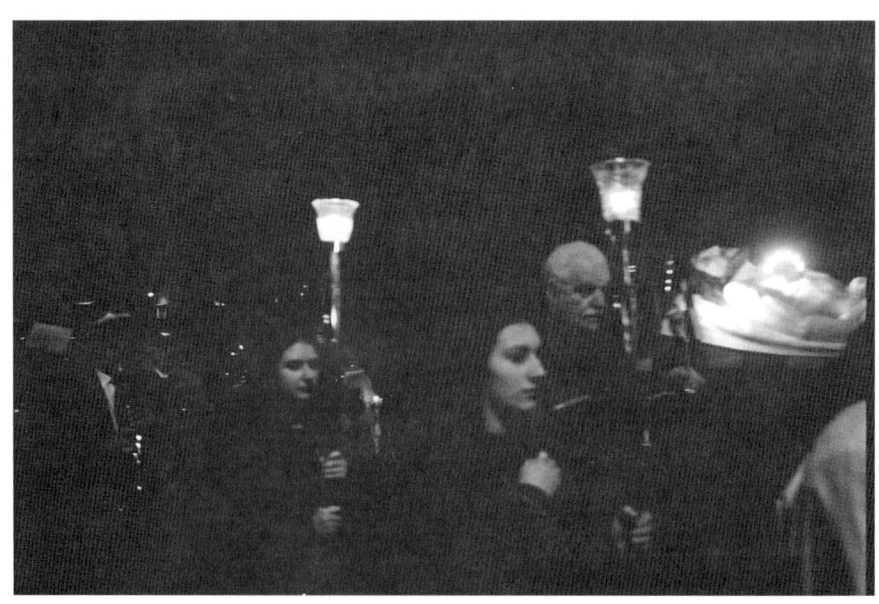

Chiesa Madonna del Divino Amore – gennaio 2019

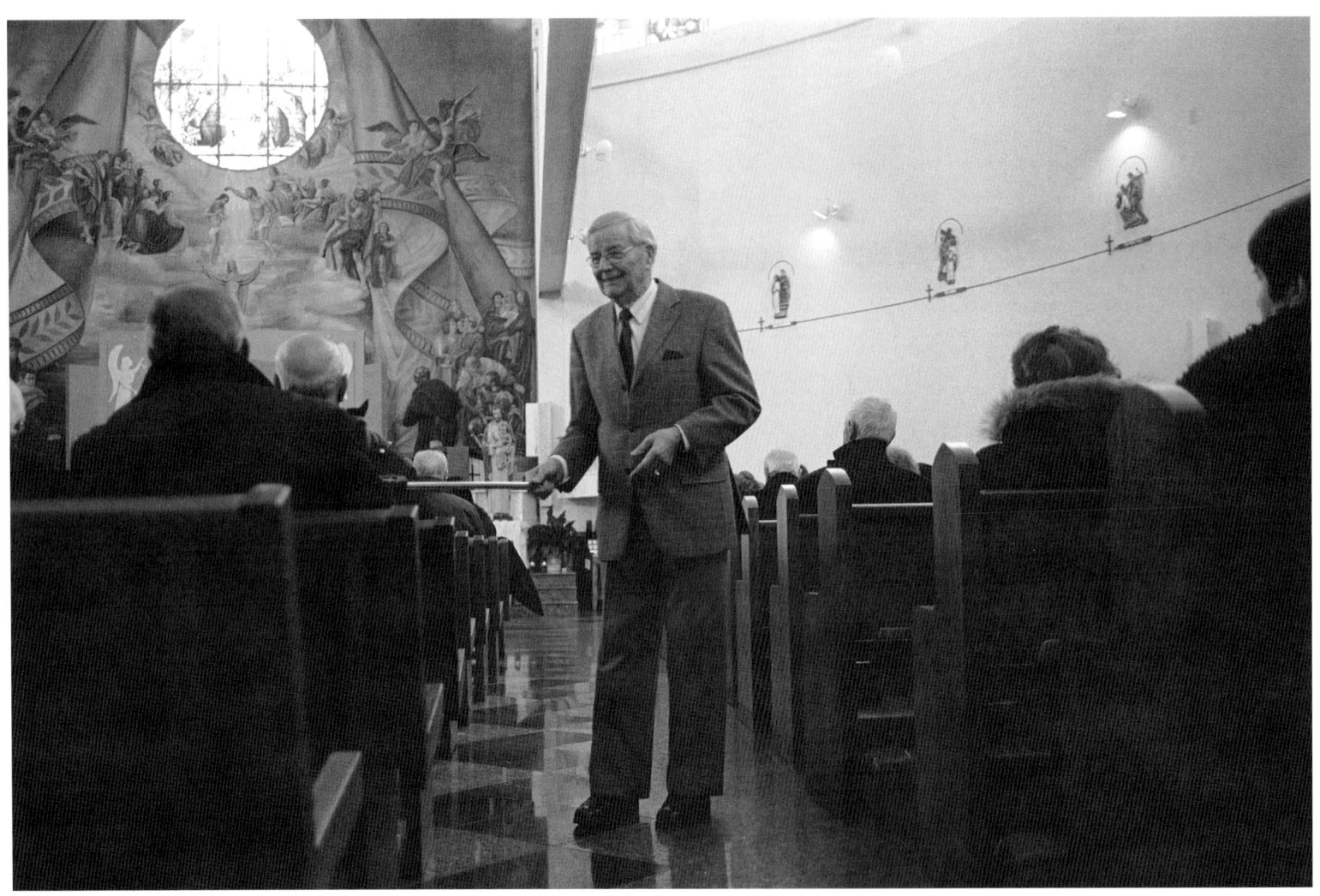

Chiesa Madre dei Cristiani – febbraio 2019

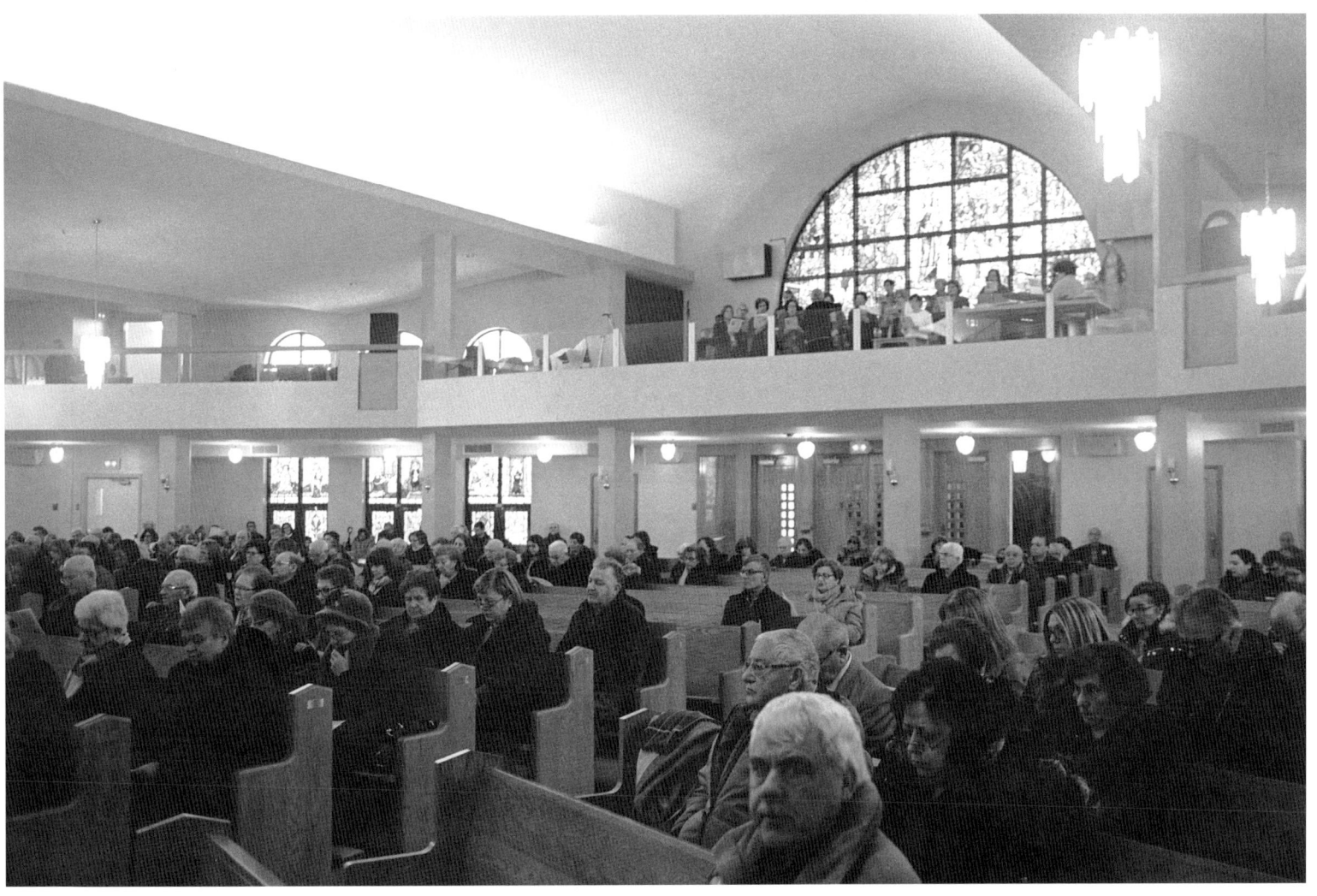

Chiesa Maria Ausiliatrice – novembre 2019

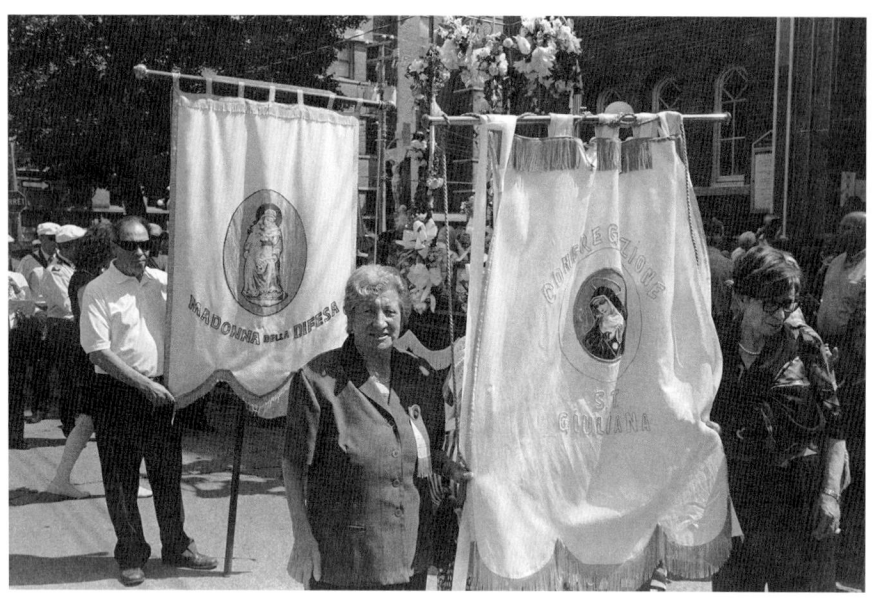

Chiesa Madonna della Difesa, processione della Madonna dell'Assunta – agosto 2018

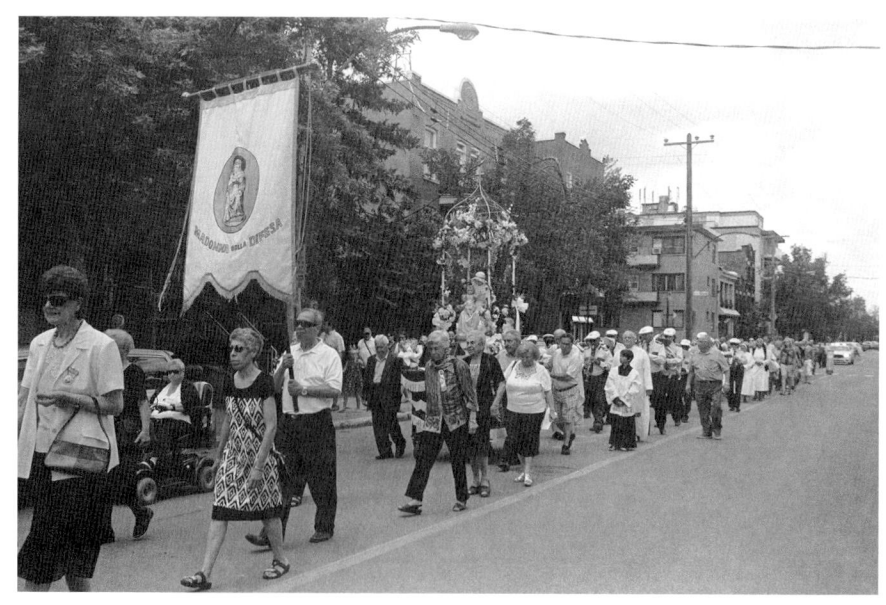

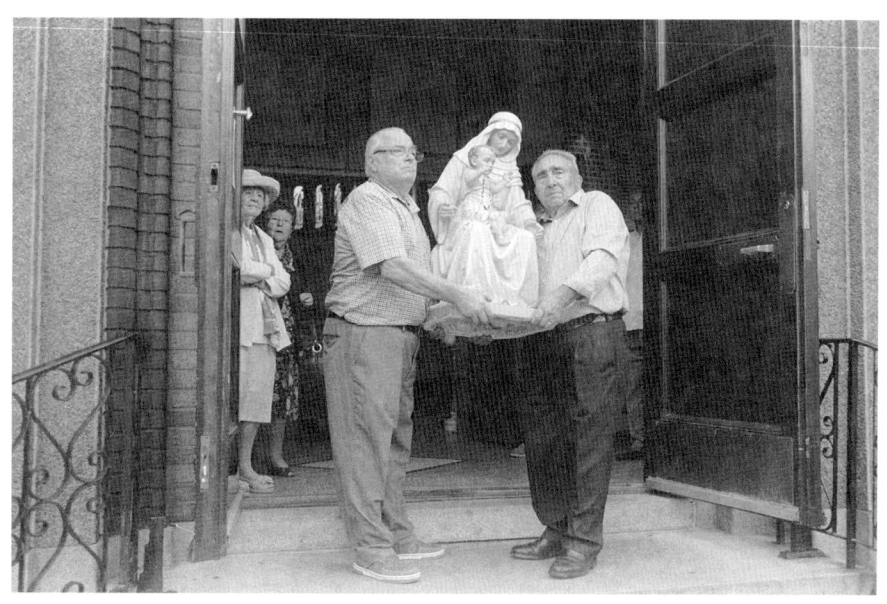

Chiesa Madonna della Difesa, processione della Madonna dell'Assunta – agosto 2018

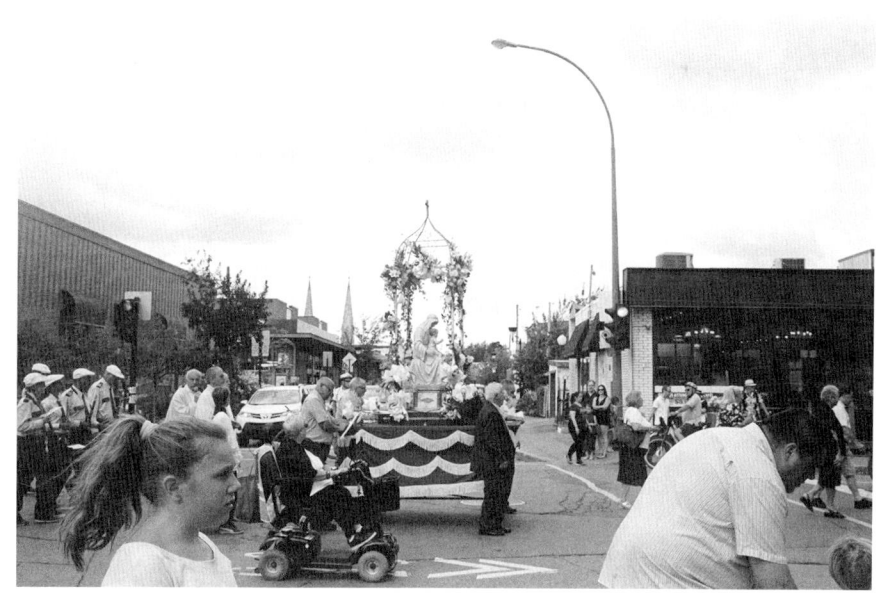

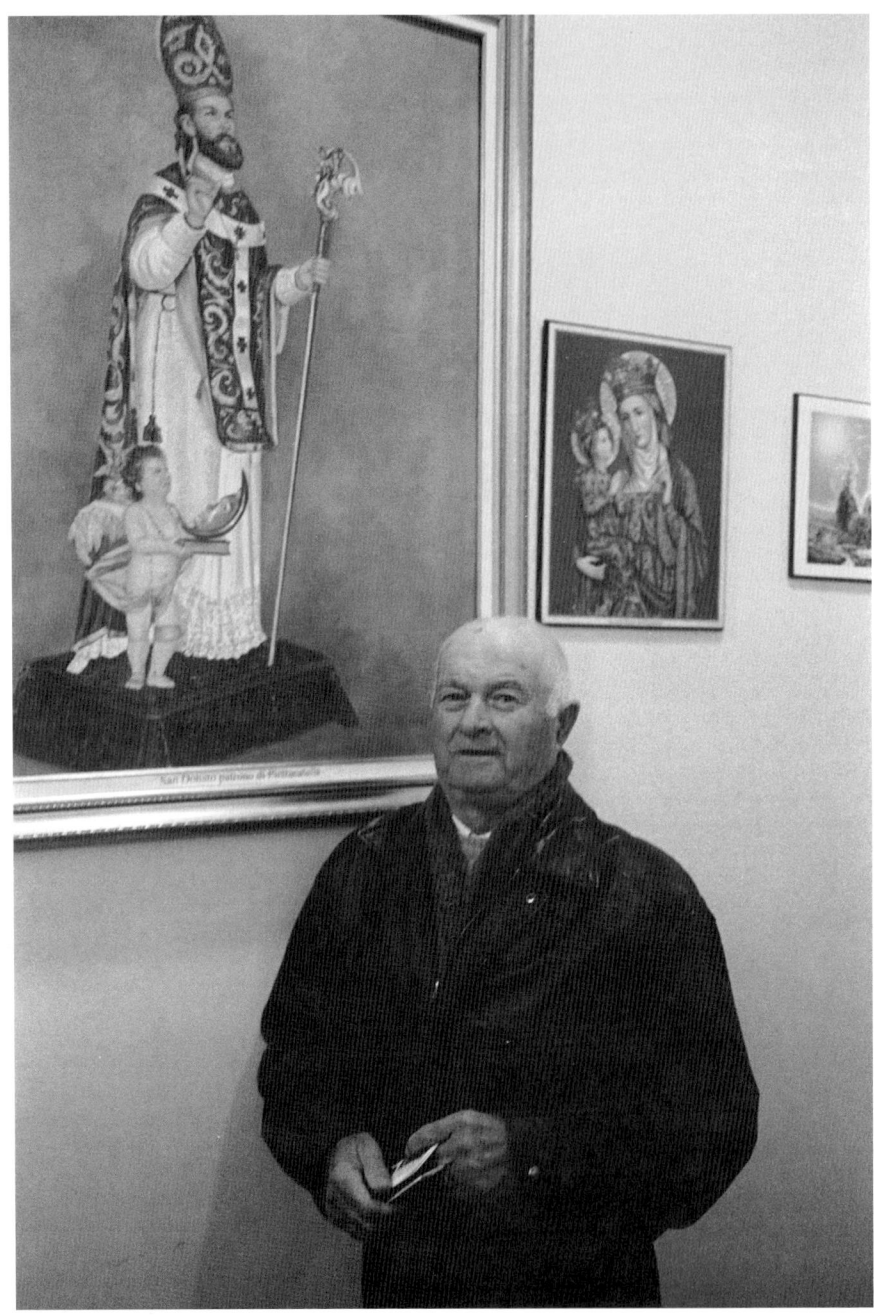

Chiesa Madre dei Cristiani – febbraio 2019

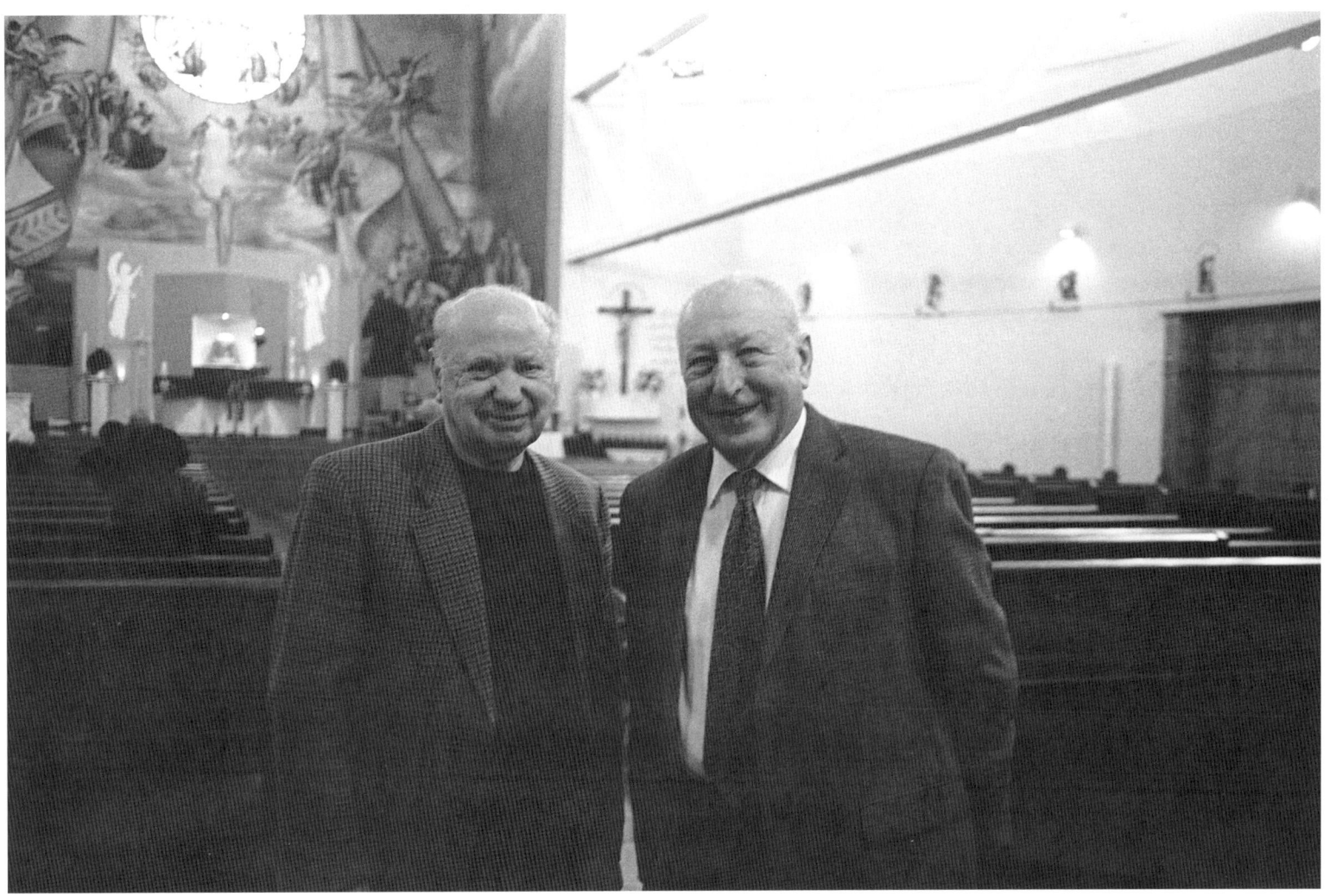

Chiesa Madre dei Cristiani – febbraio 2019

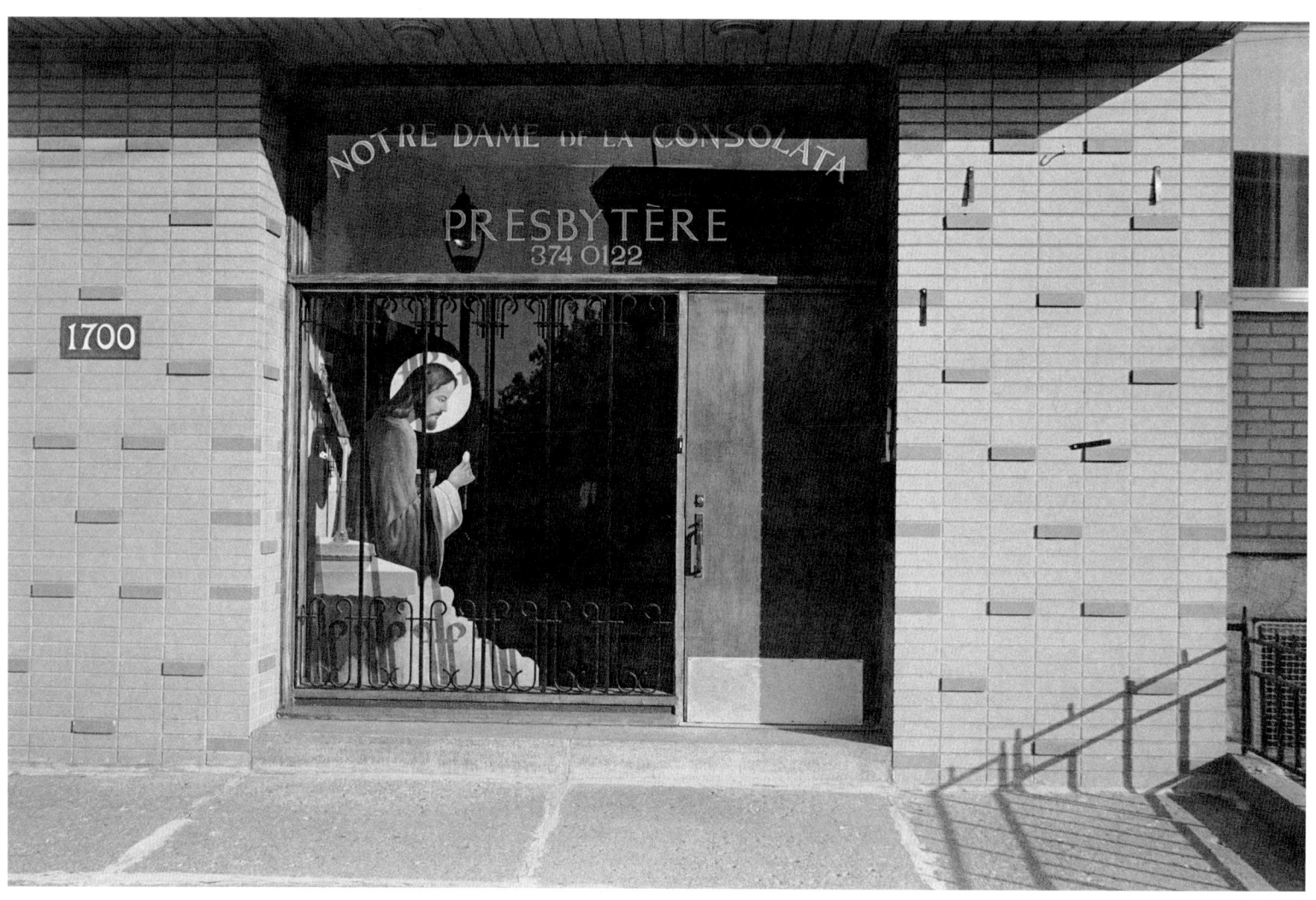

Chiesa Madonna della Consolata – novembre 2018

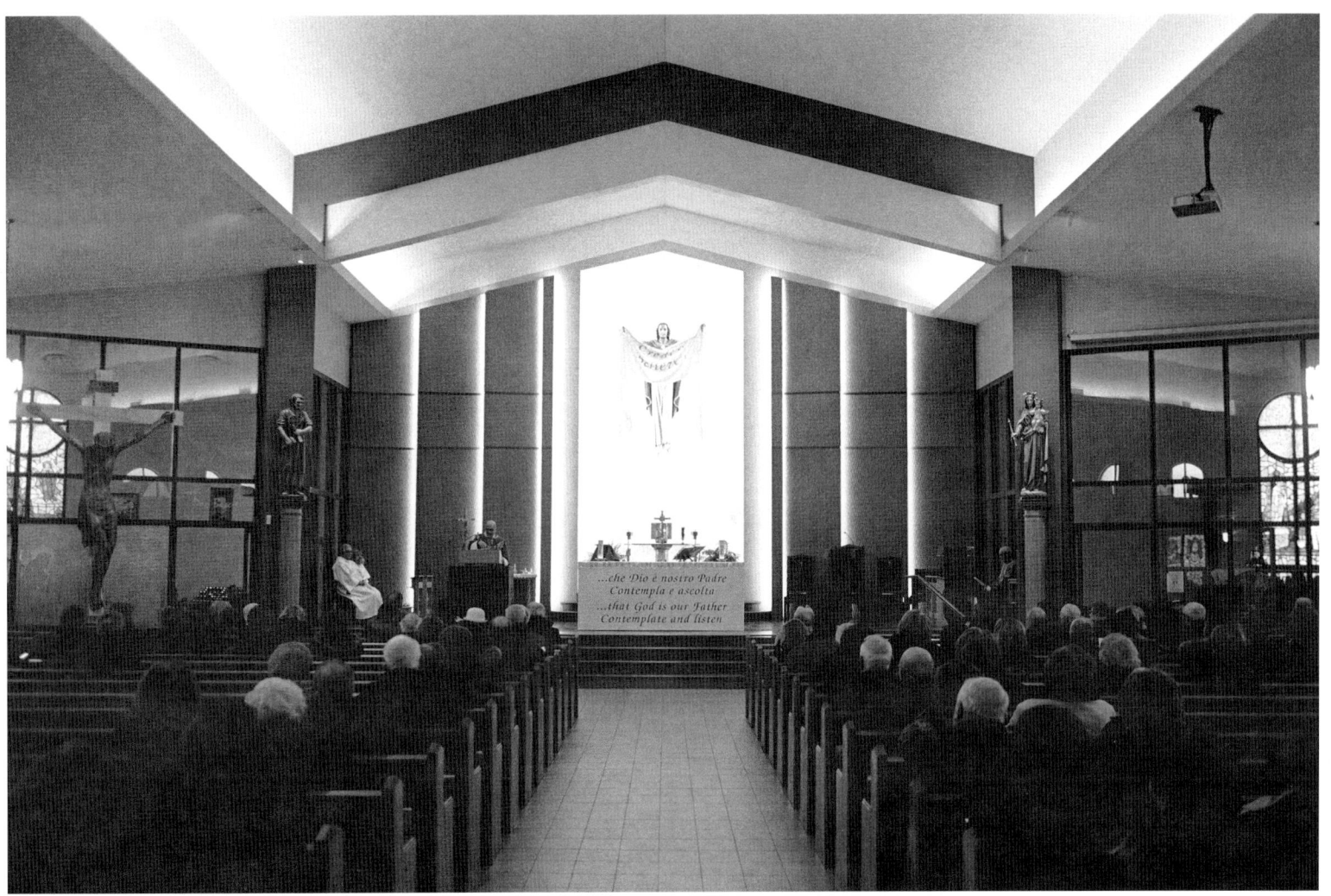

Chiesa Maria Ausiliatrice – dicembre 2019

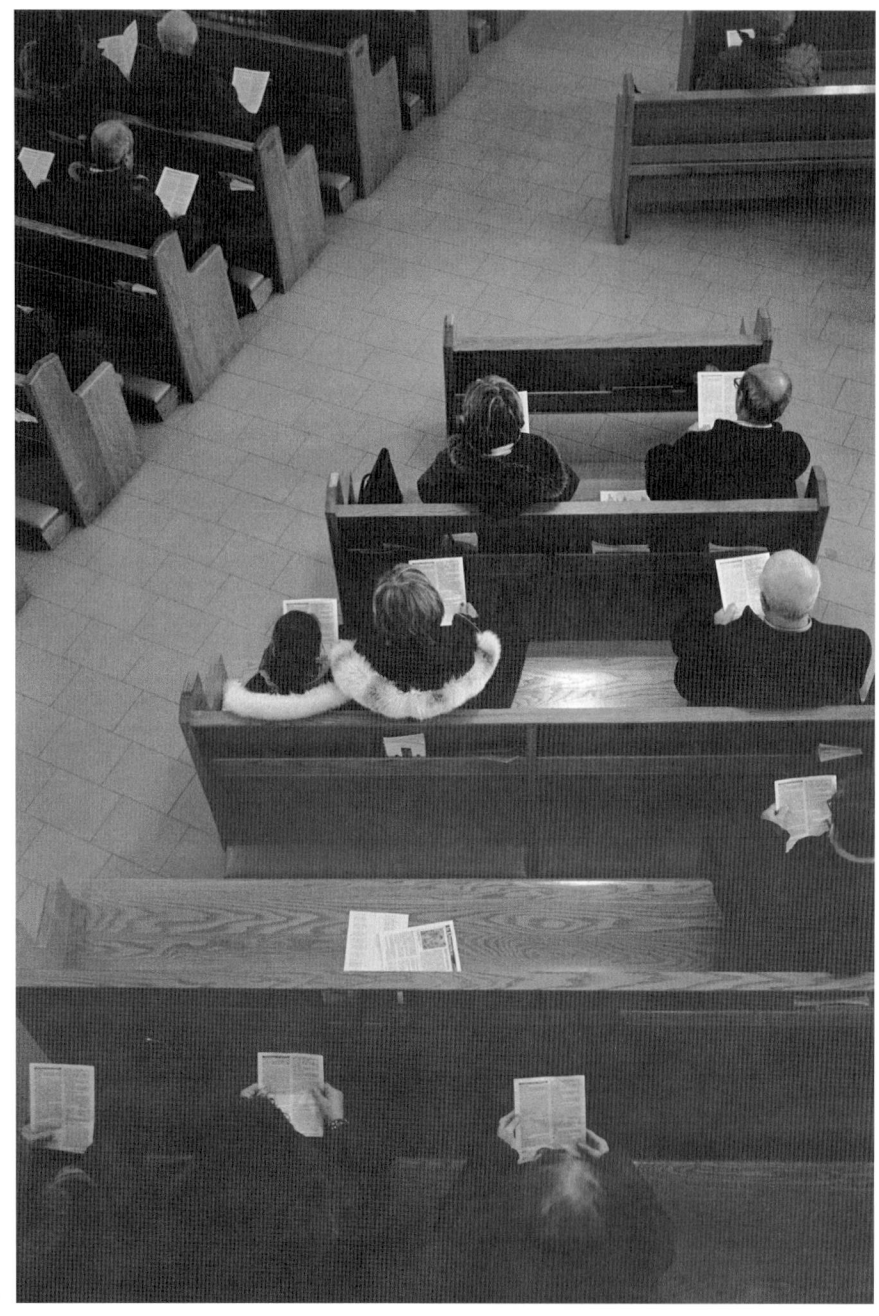

Chiesa Maria Ausiliatrice – dicembre 2019

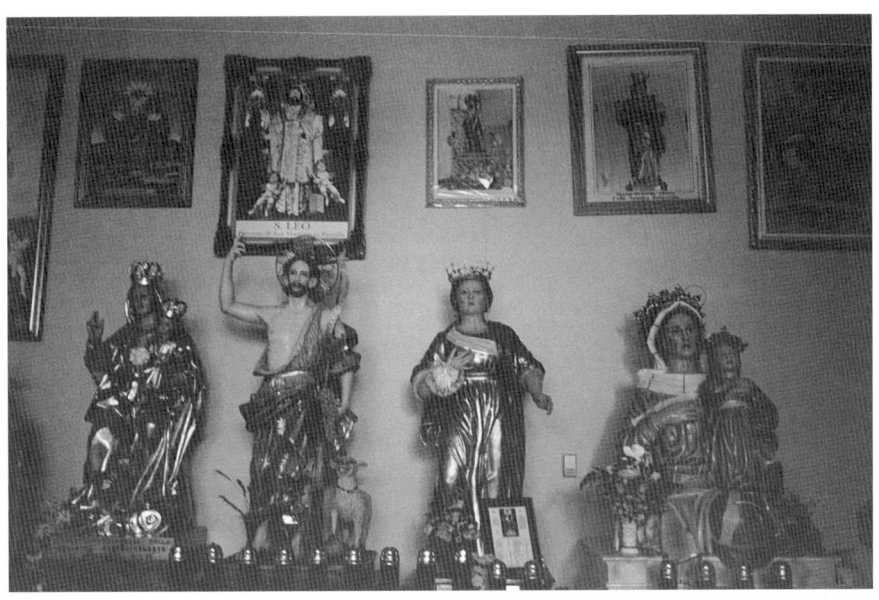

Chiesa Madonna del Monte Carmelo, cappella – febbraio 2019

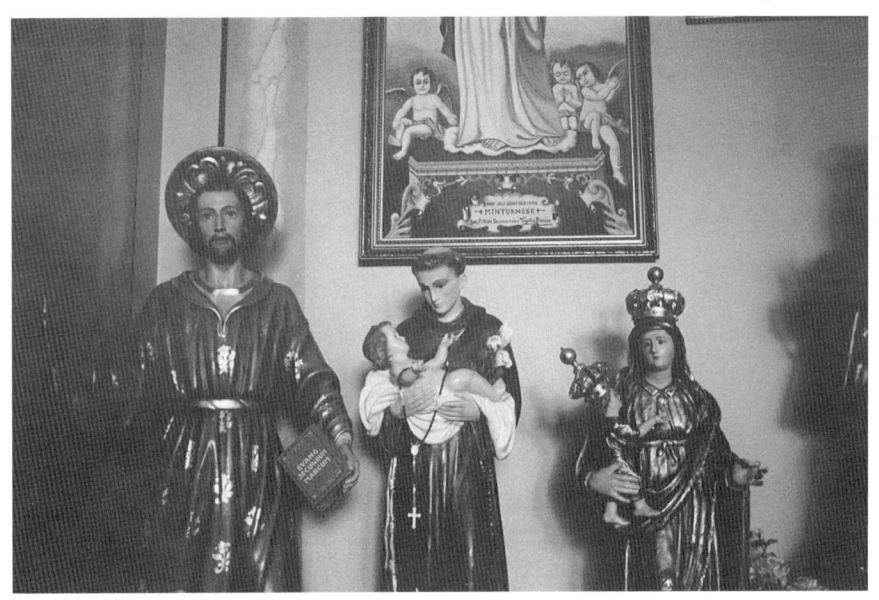

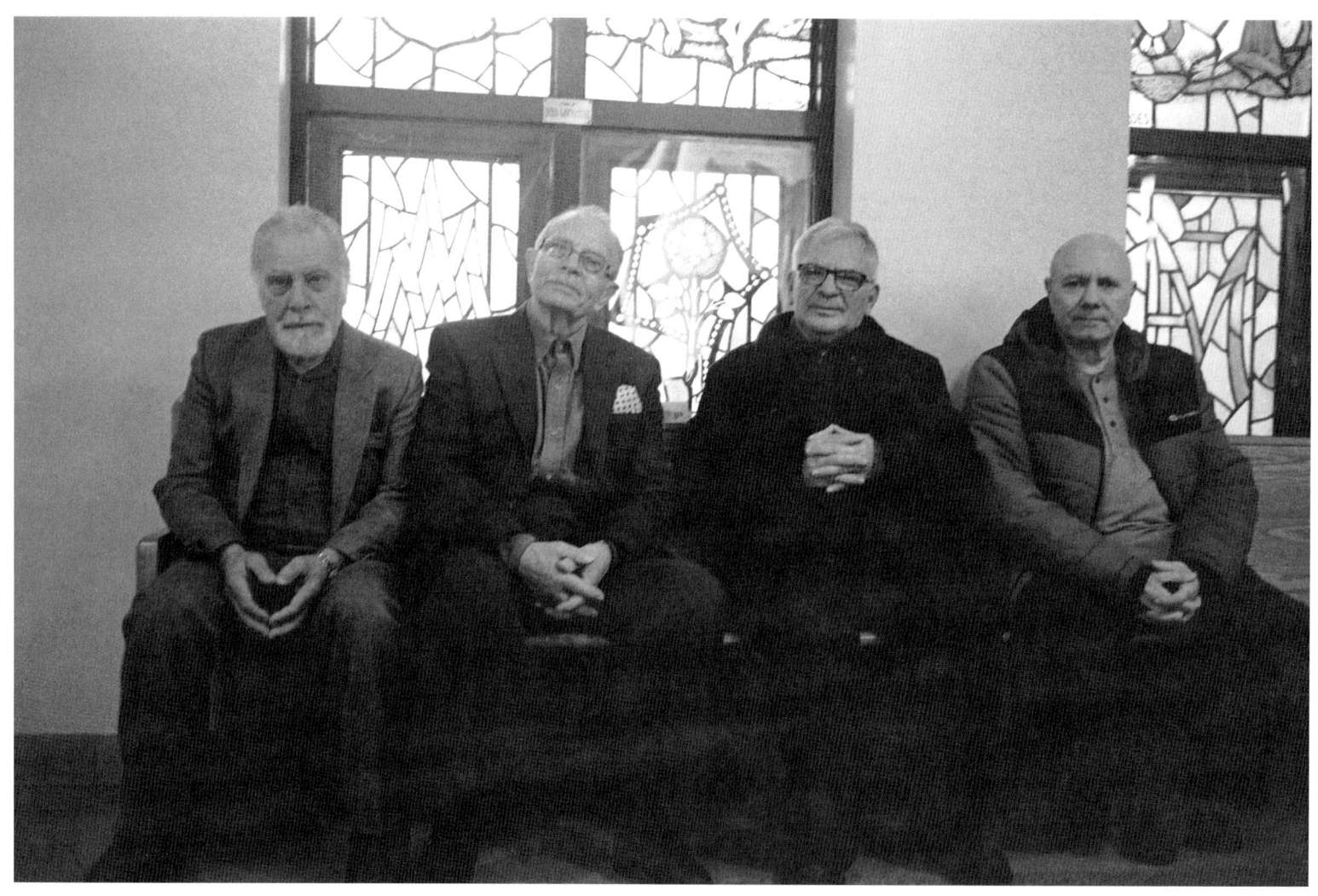

Chiesa Maria Ausiliatrice – dicembre 2019

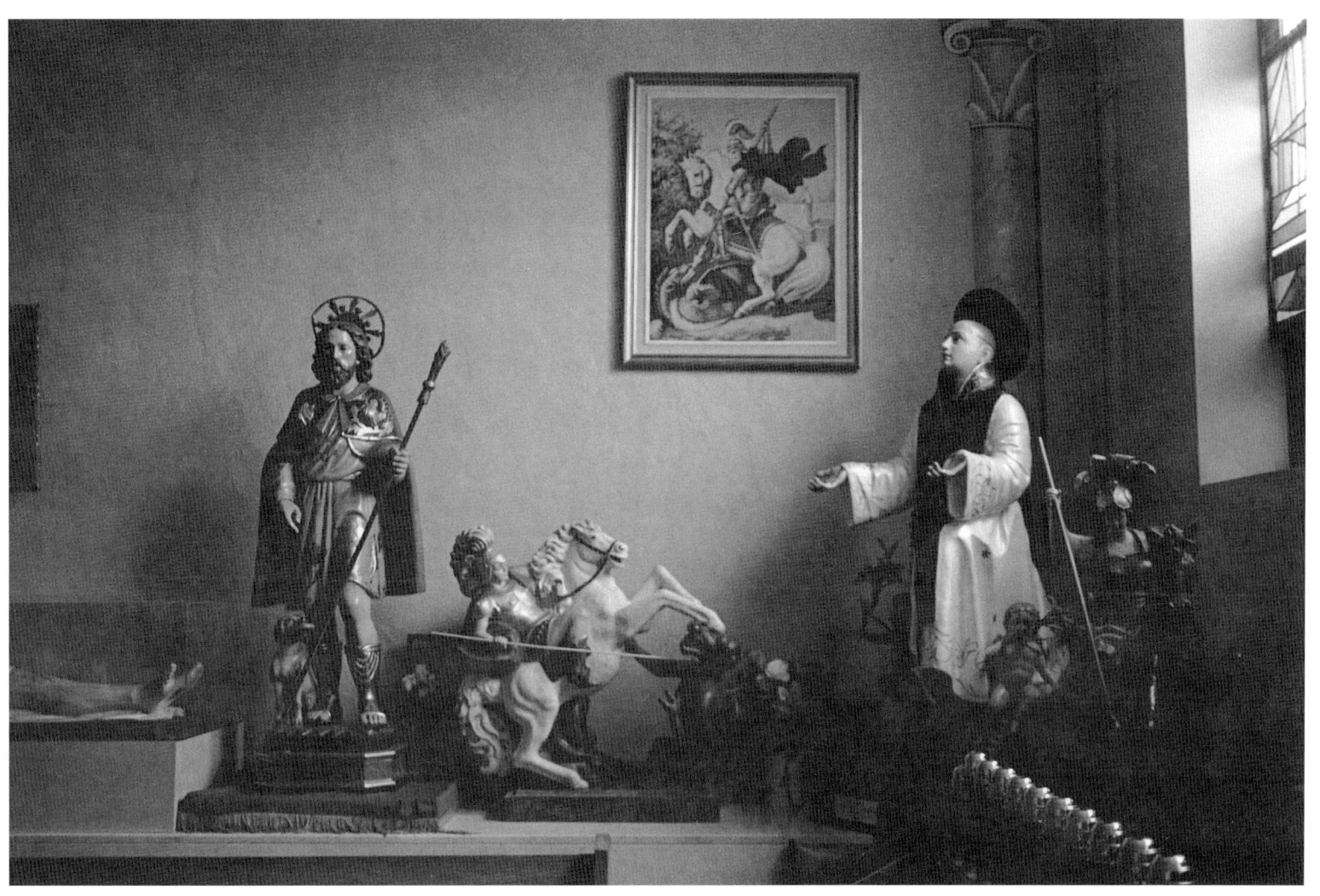

Chiesa Madonna del Monte Carmelo, cappella – febbraio 2019

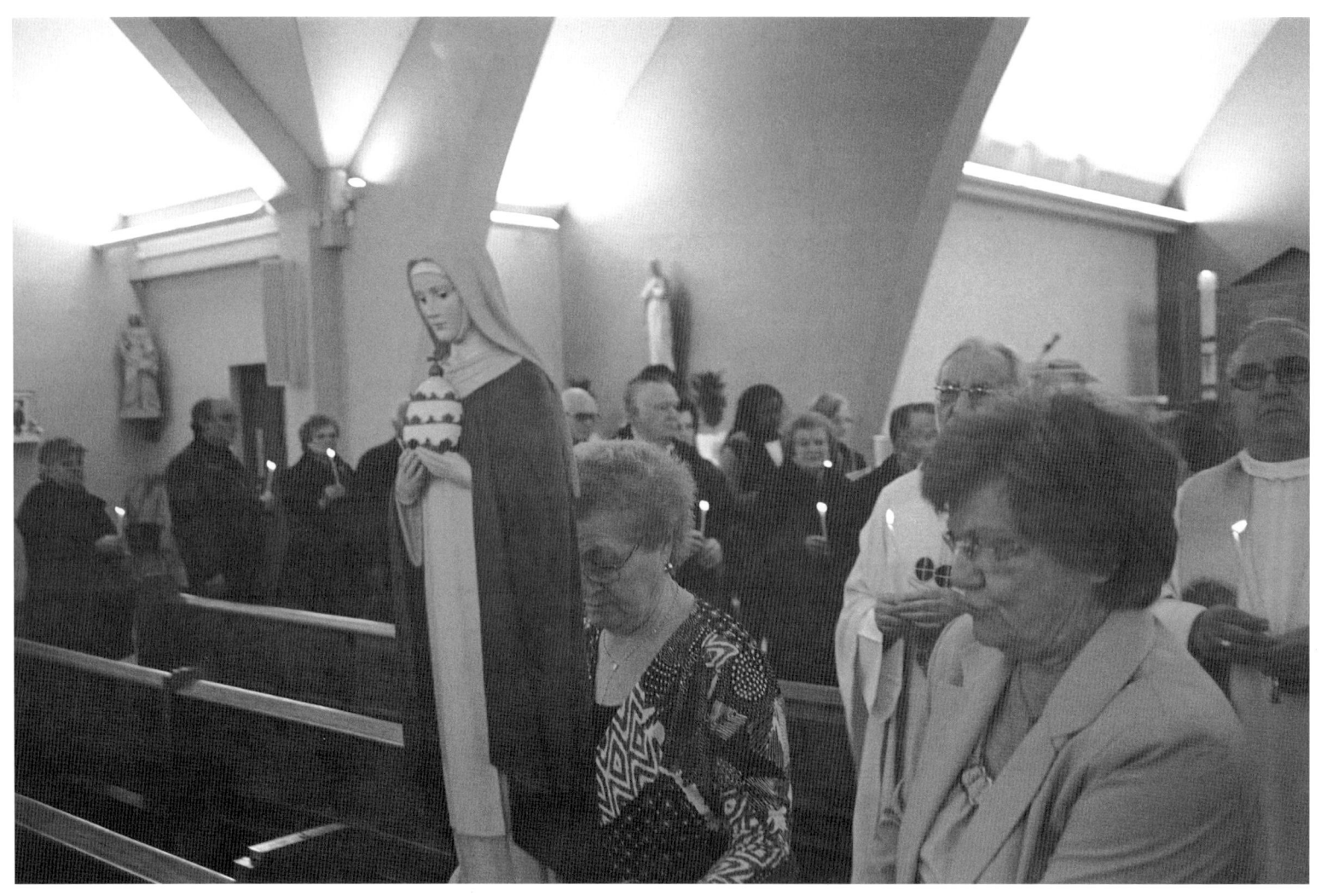

Chiesa Santa Caterina da Siena, processione Santa Caterina da Siena – aprile 2019

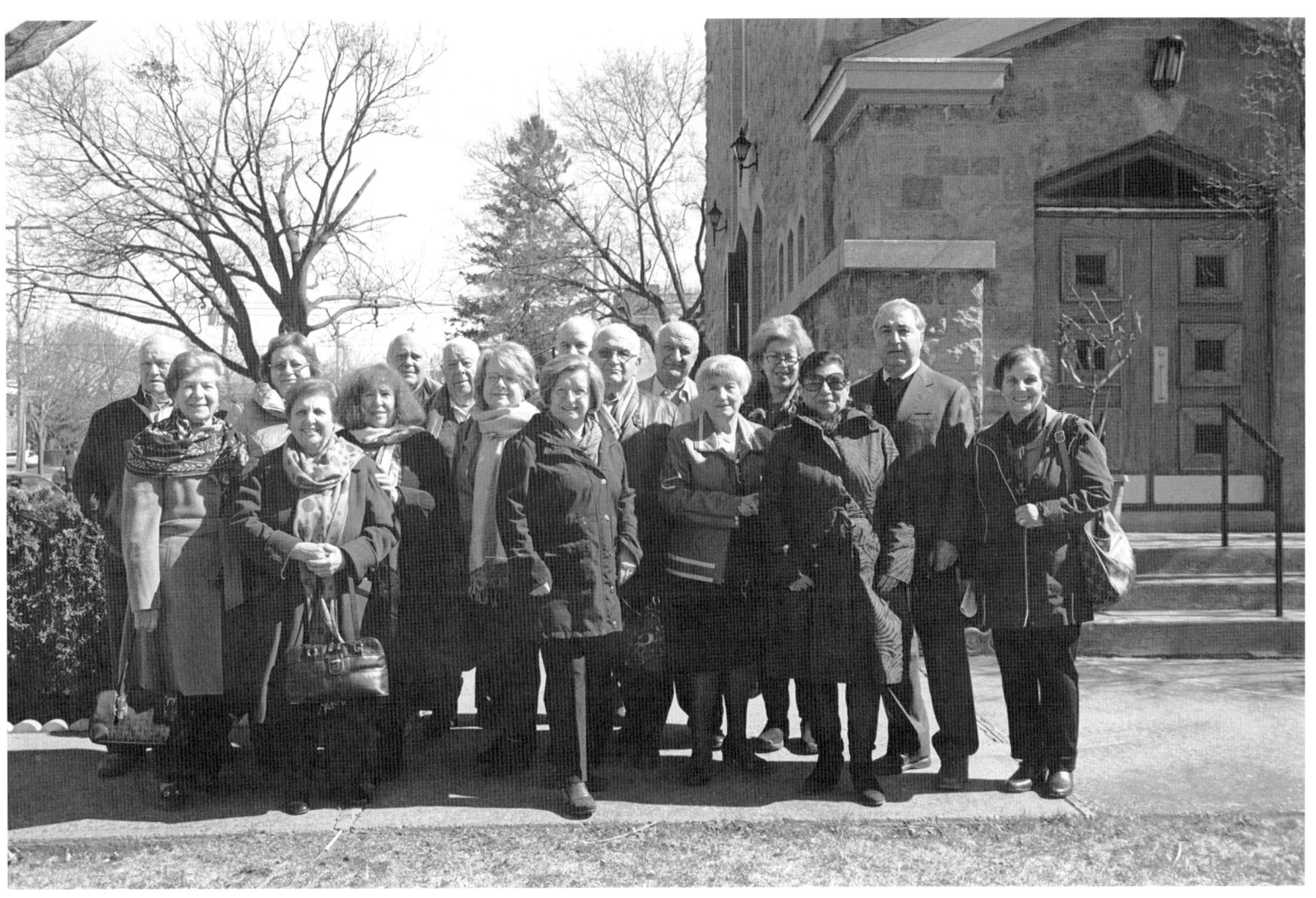

Chiesa Santa Caterina da Siena, foto di gruppo dei parrocchiani – aprile 2019

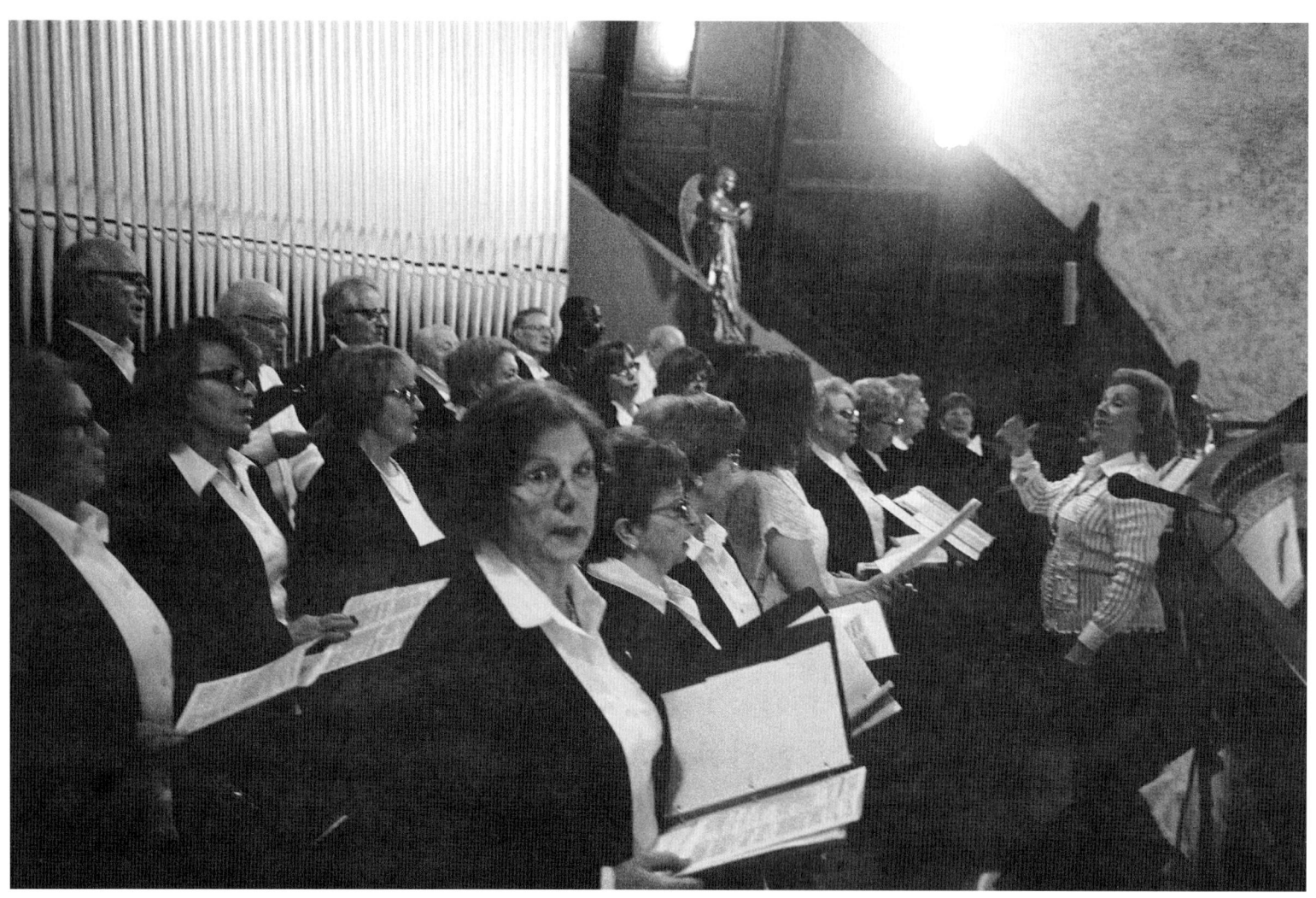

Chiesa Madonna di Pompei, festa San Francesco d'Assisi – ottobre 2019

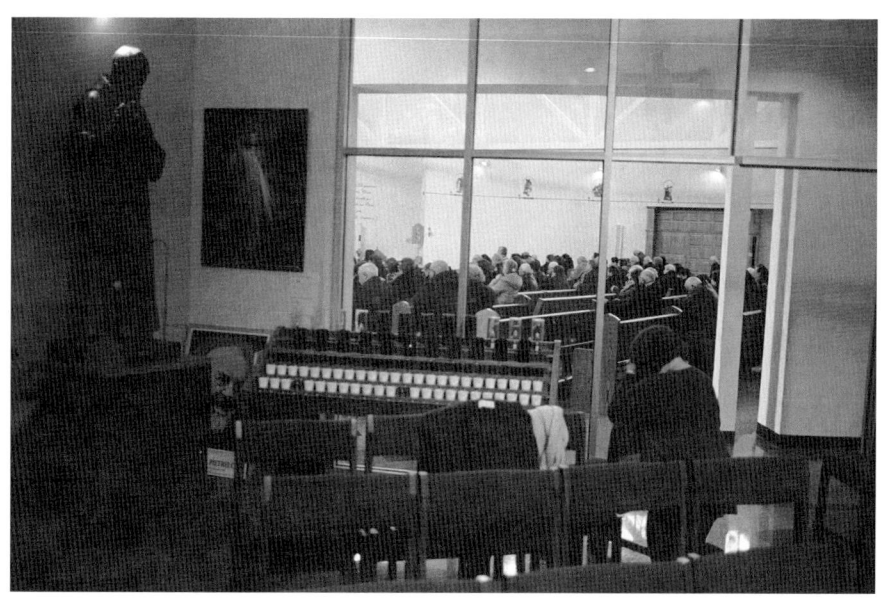

Chiesa Maria Ausiliatrice, cappella – novembre 2019

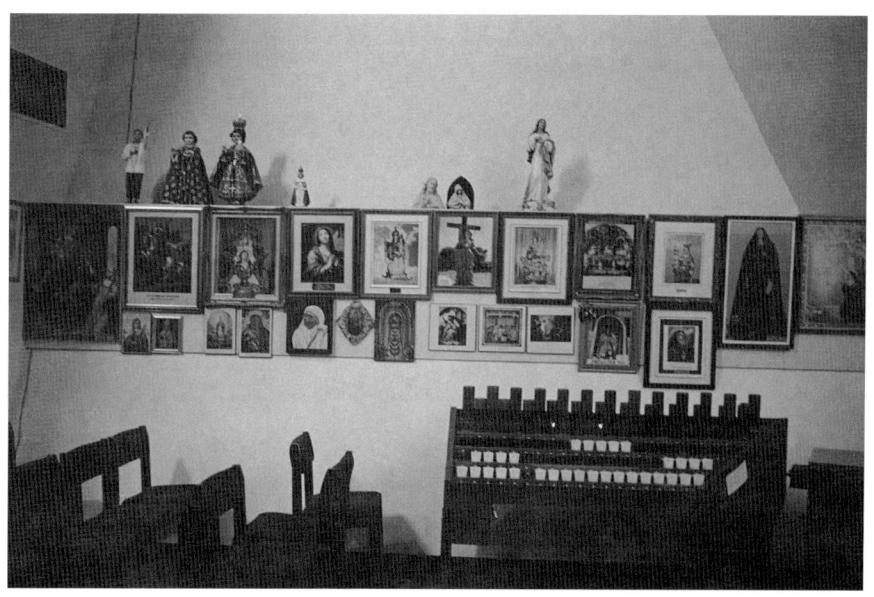

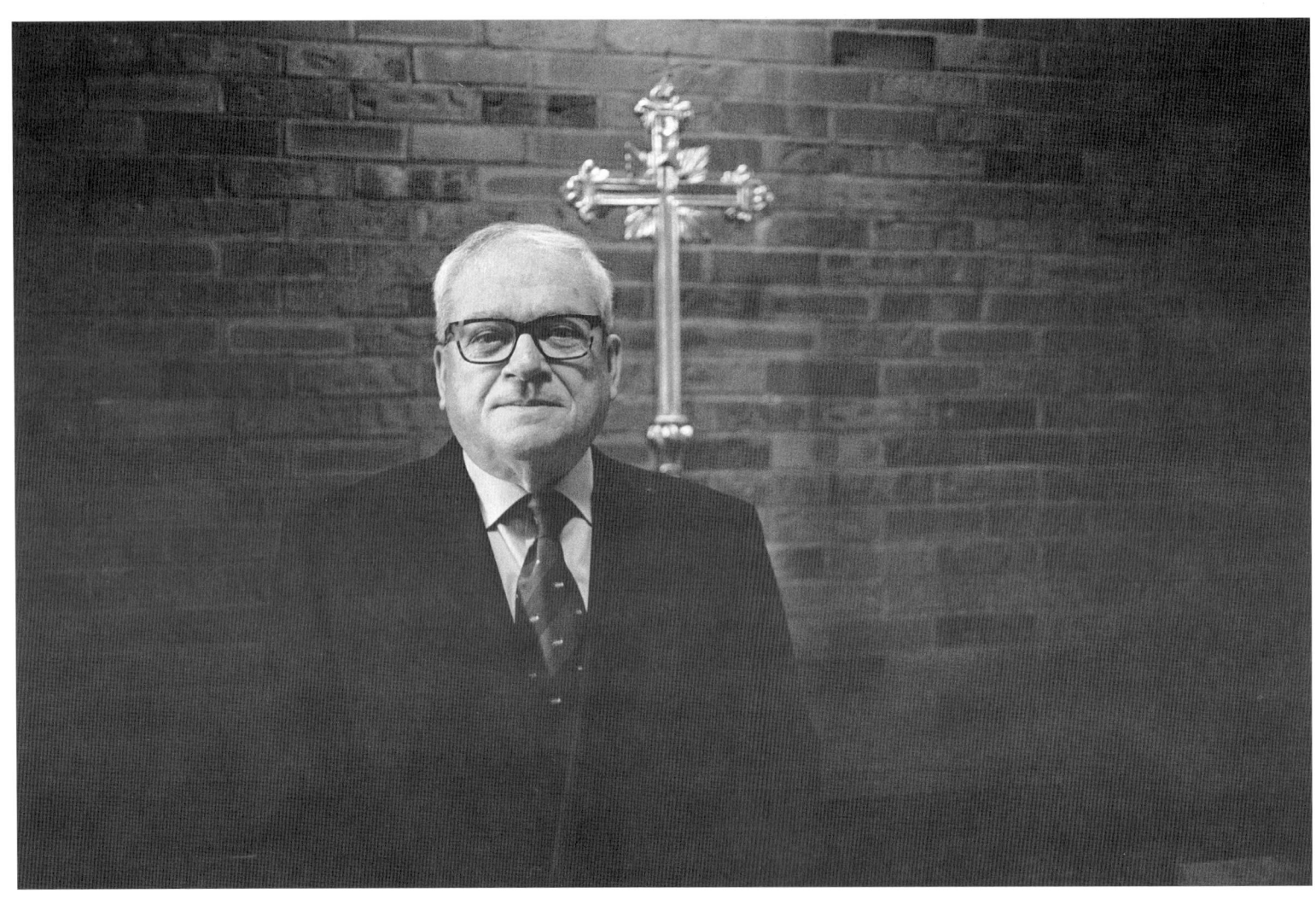

Chiesa Madonna di Pompei – maggio 2019

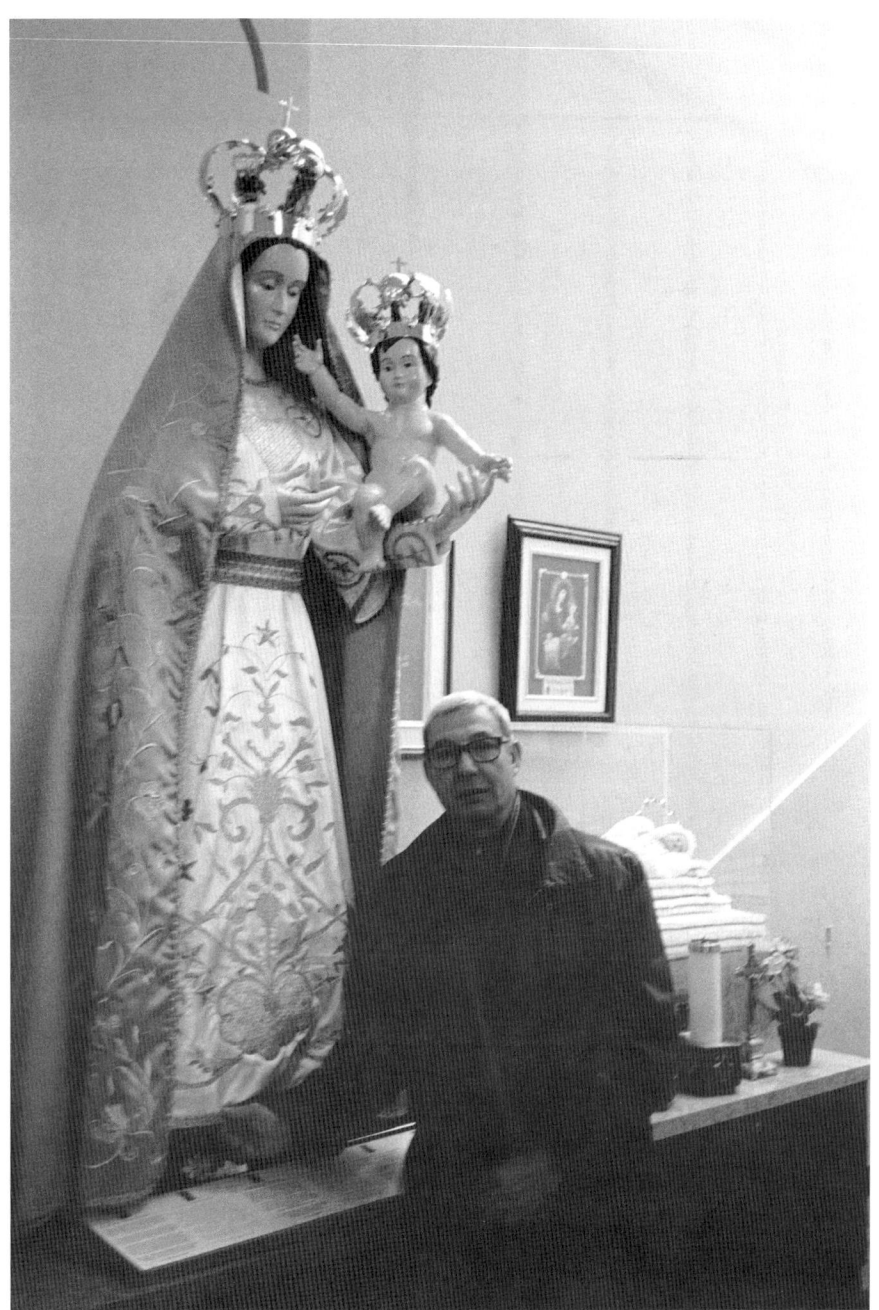

Chiesa Madre dei Cristiani, statua della Vergine venuta dalla Calabria – febbraio 2019

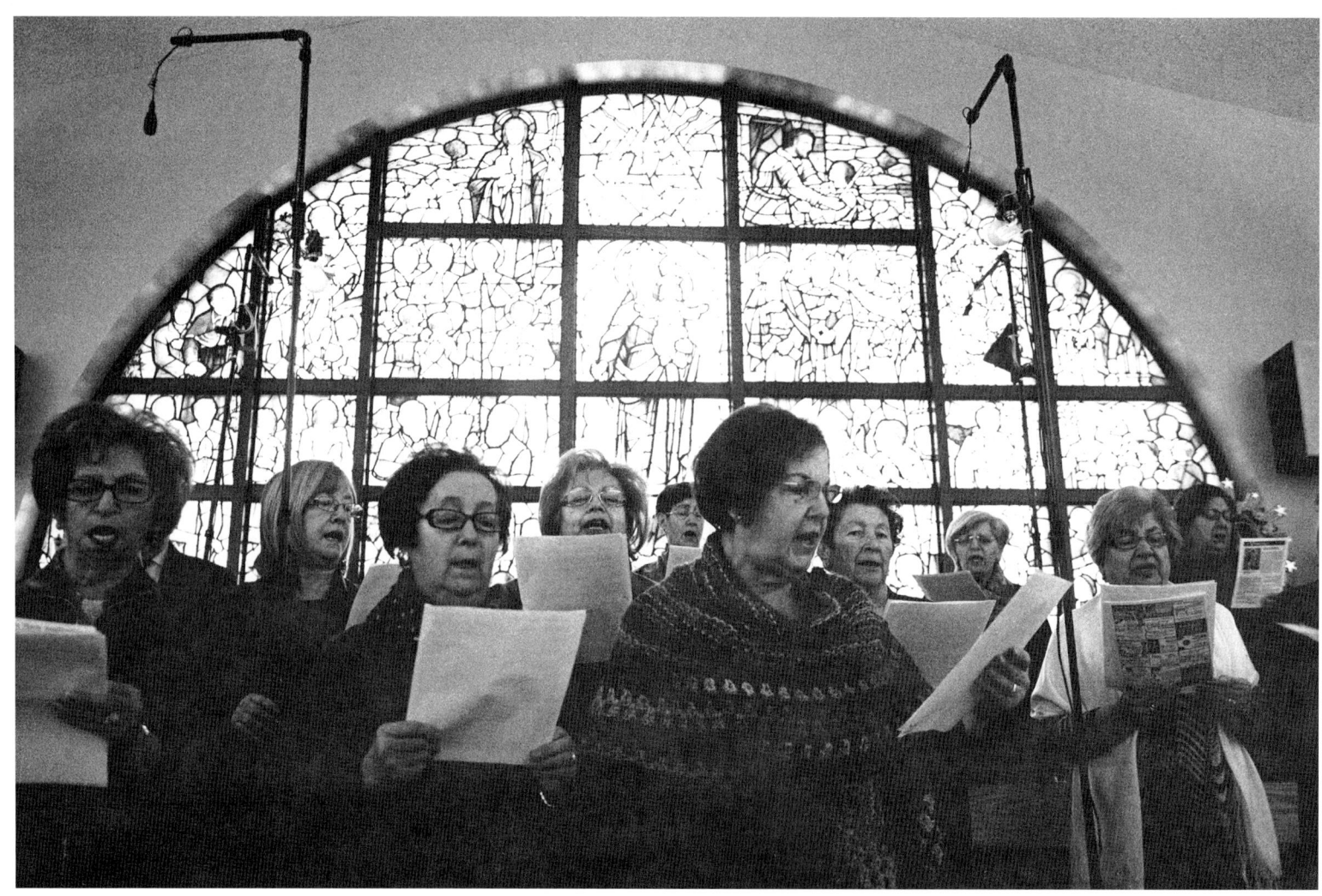

Chiesa Maria Ausiliatrice – novembre 2019

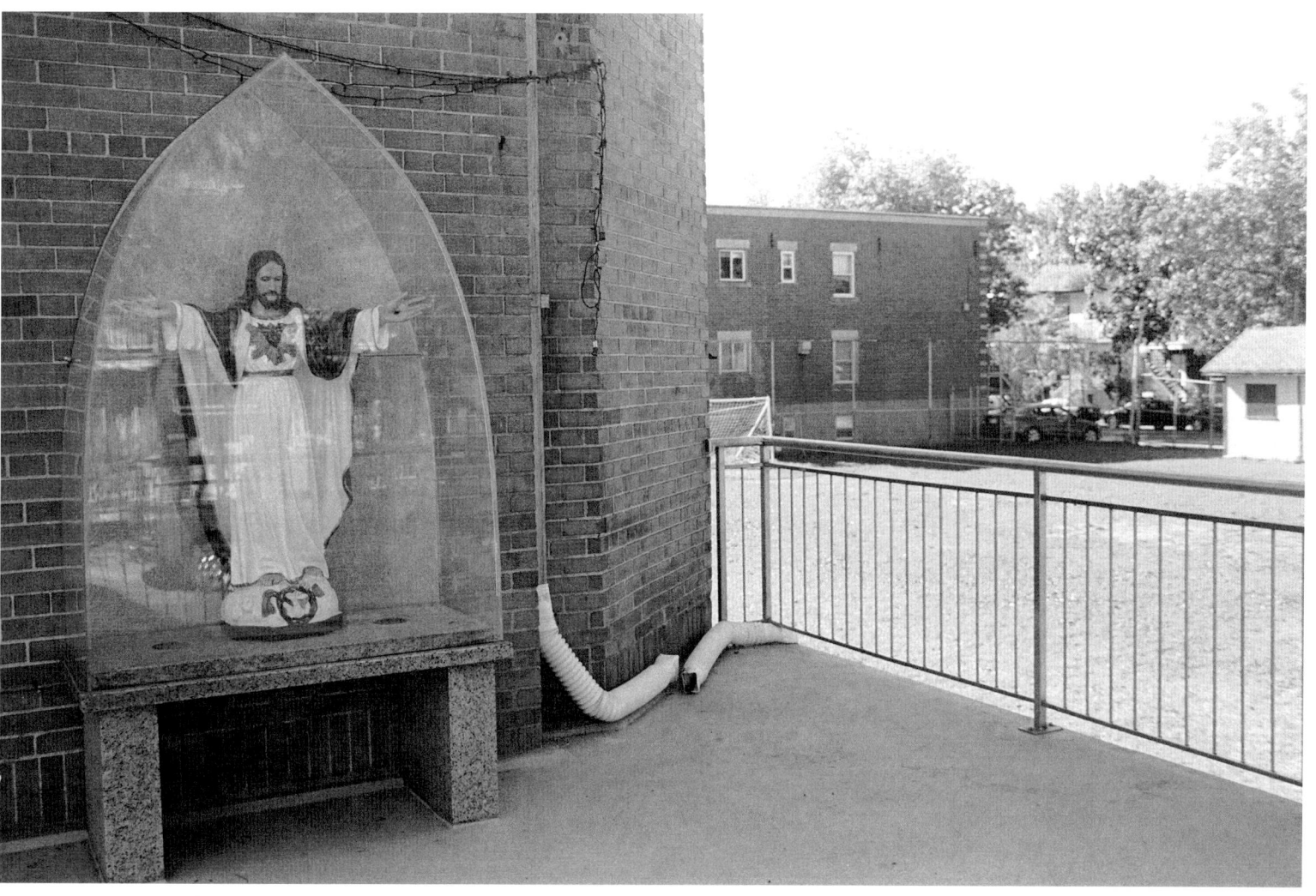

Chiesa San Giovanni Bosco – agosto 2019

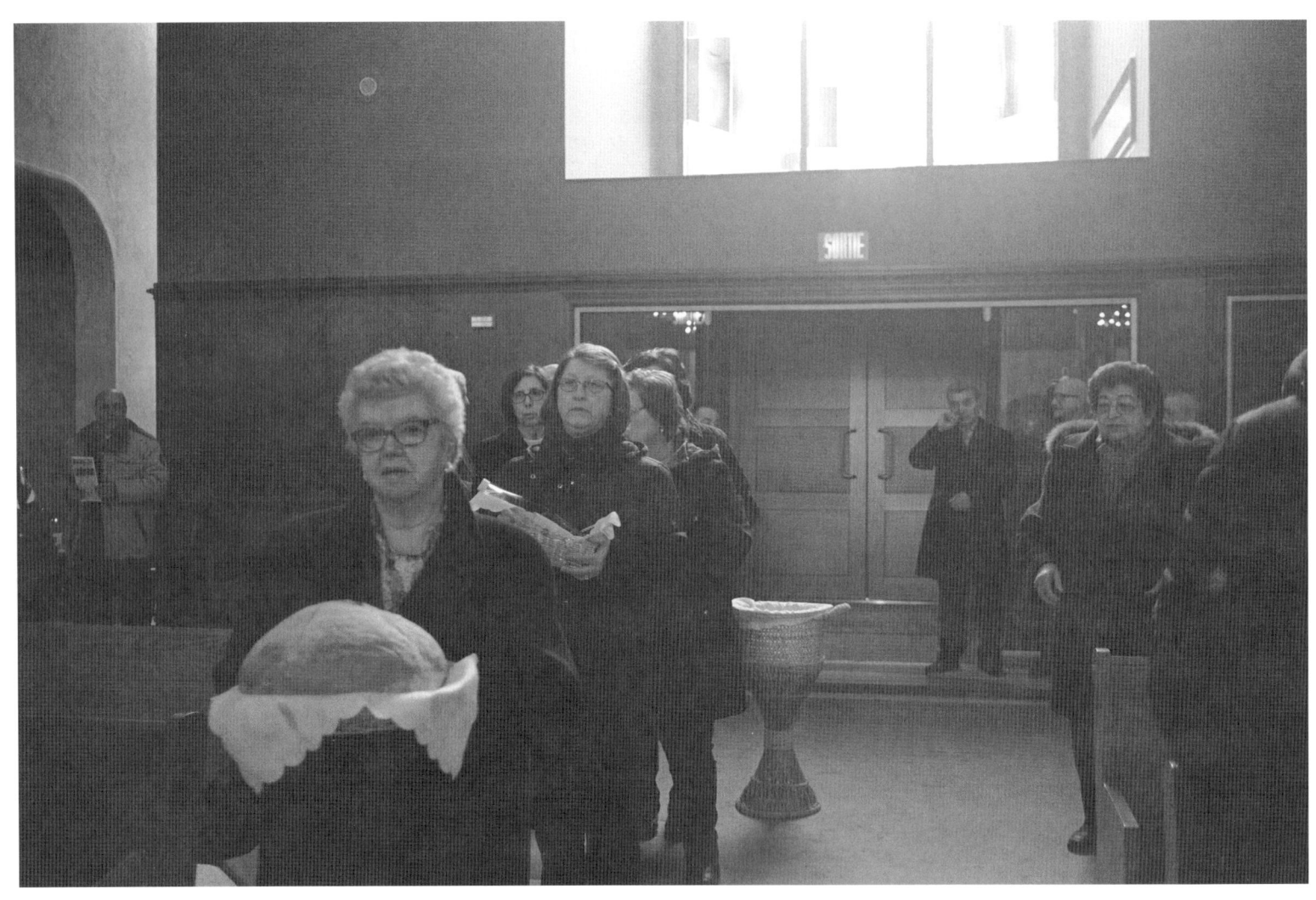

Chiesa Madonna del Monte Carmelo – febbraio 2019

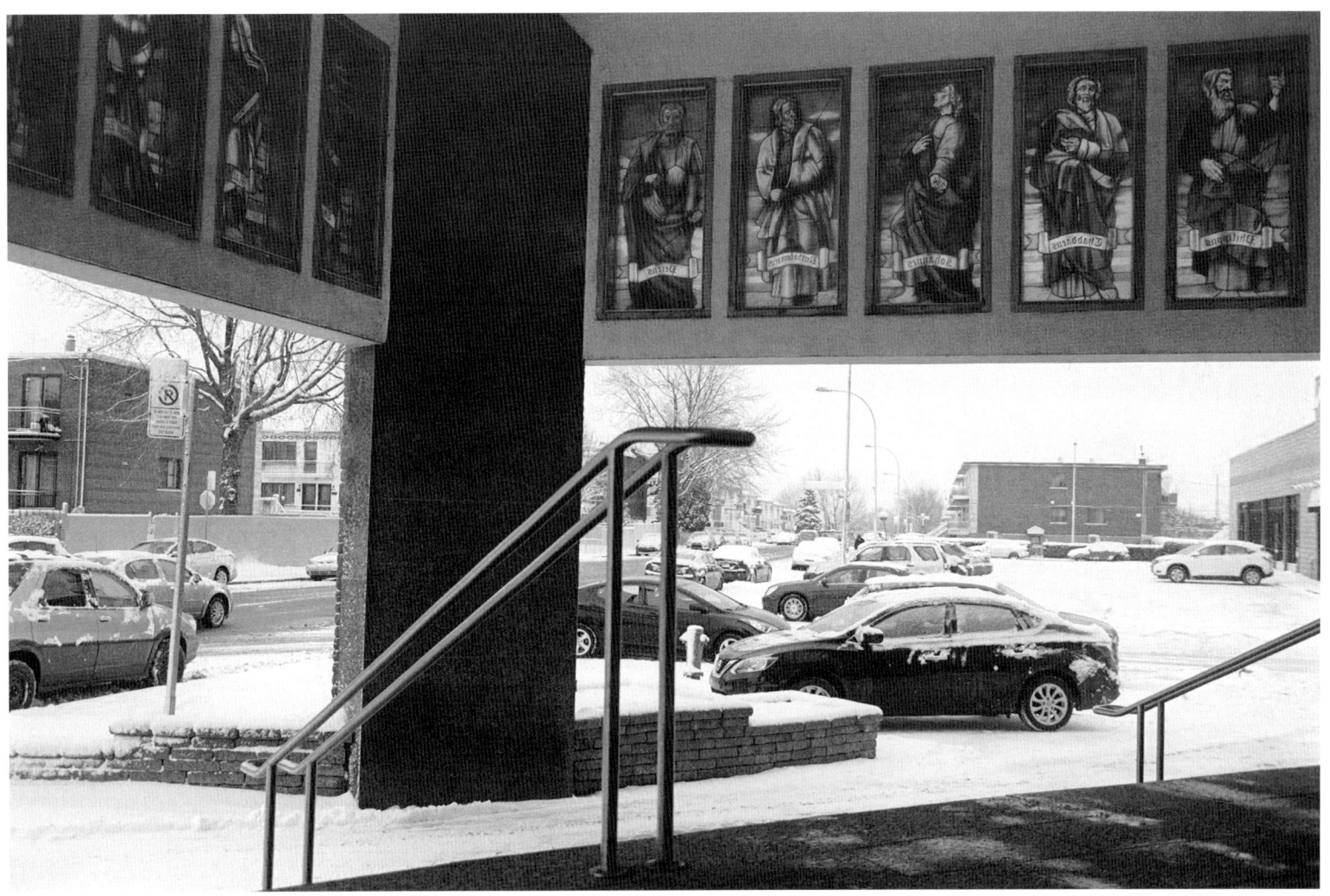

Chiesa Madre dei Cristiani – febbraio 2019

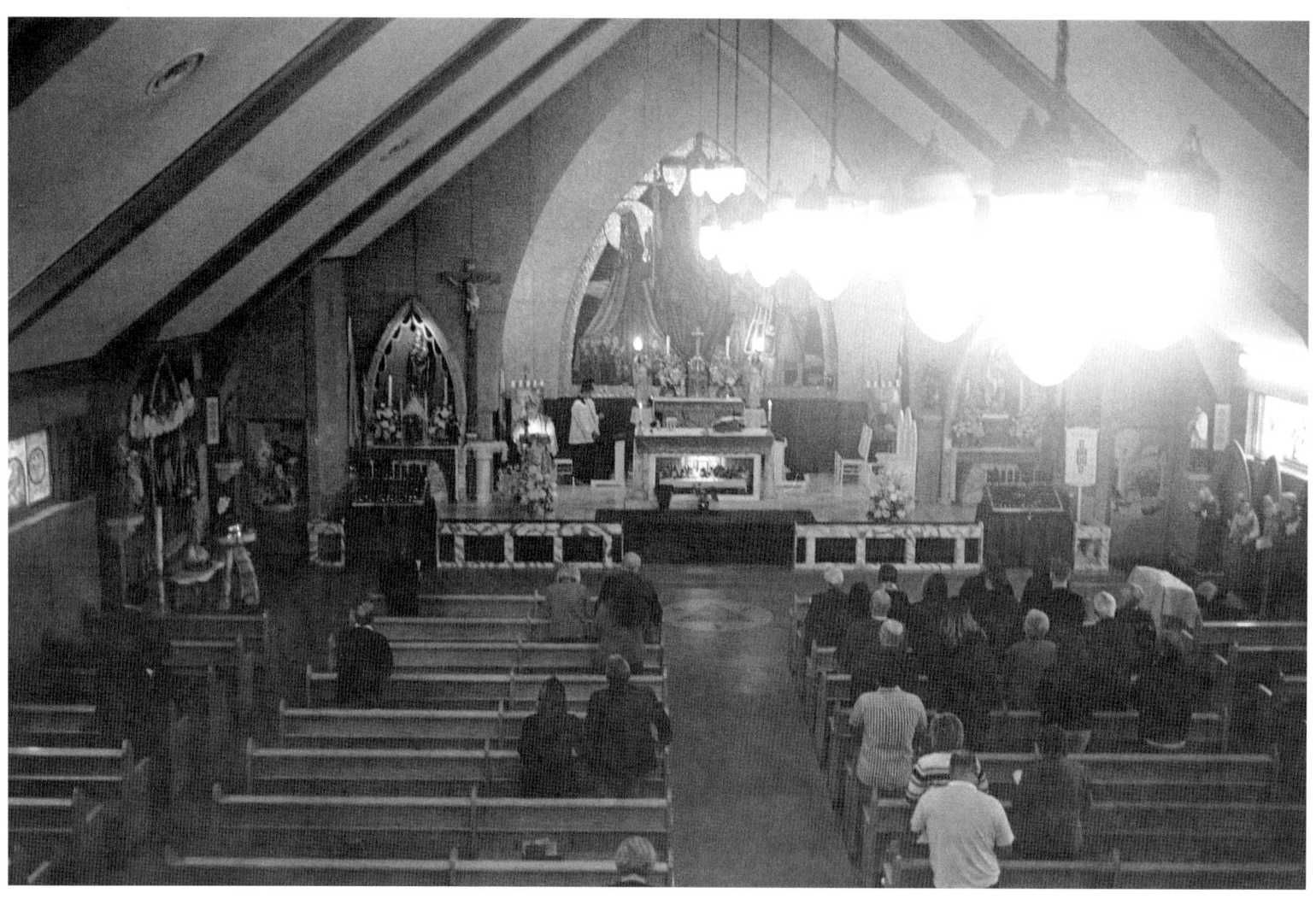

Chiesa San Giovanni Bosco – agosto 2019

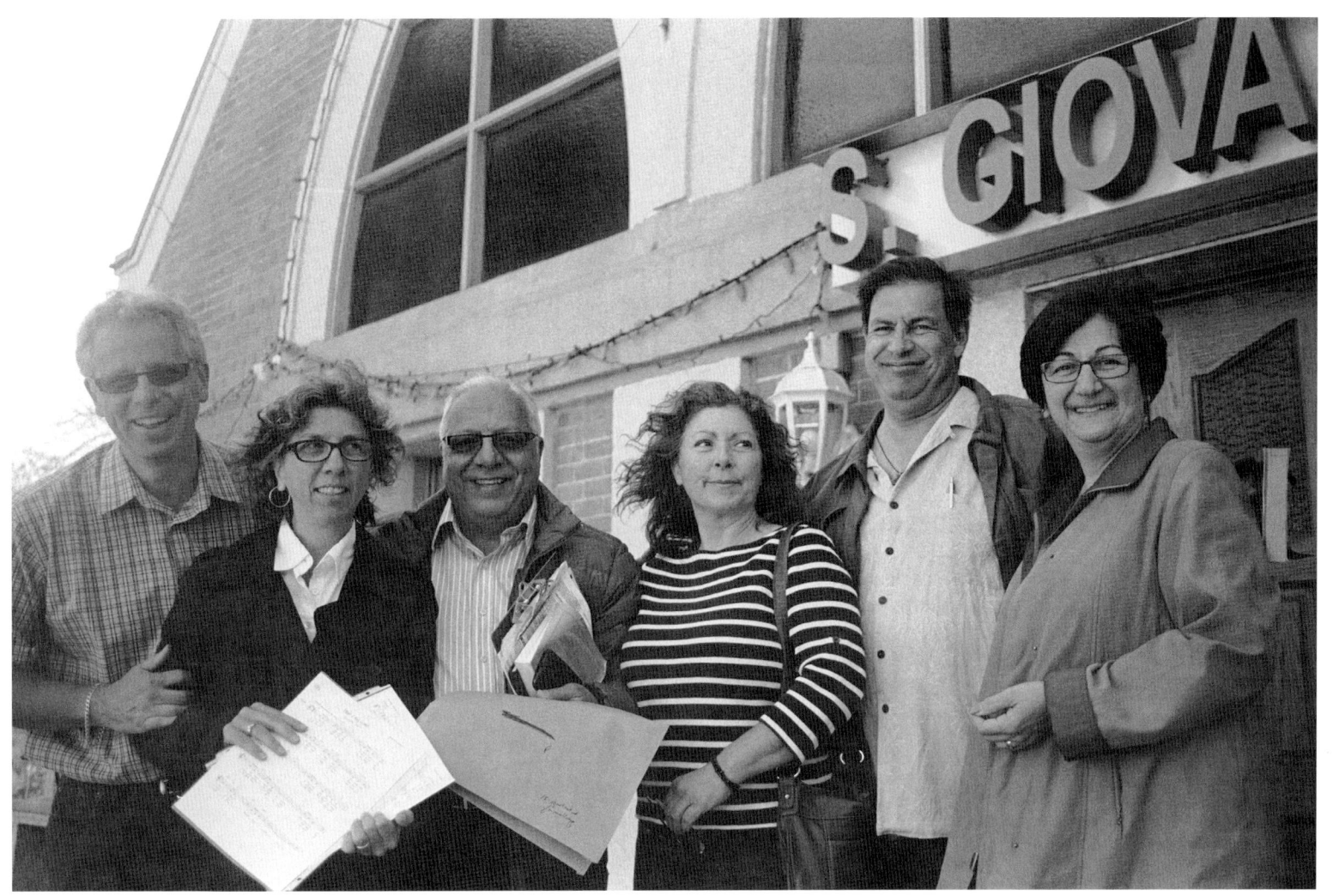

Chiesa San Giovanni Bosco – agosto 2019

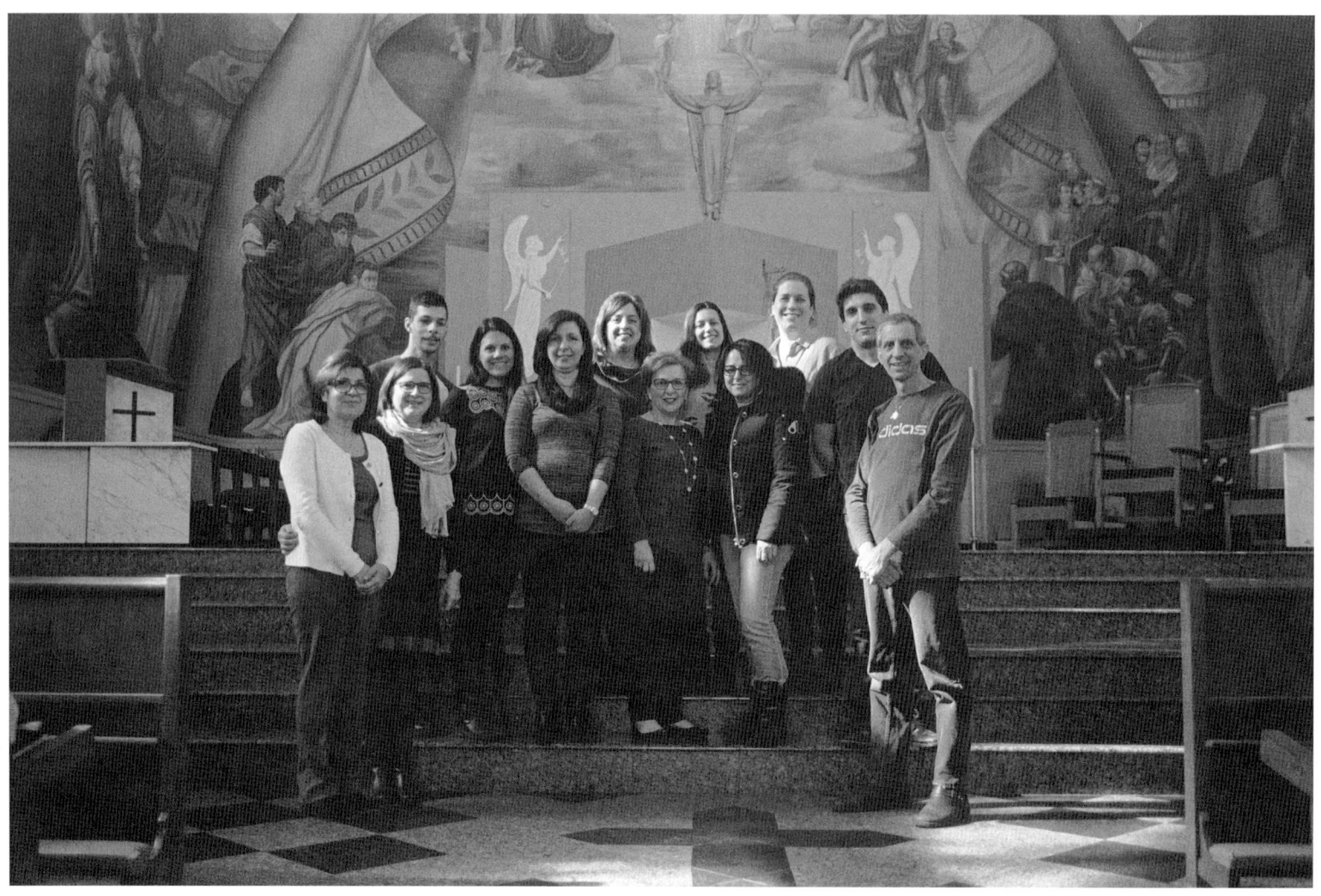

Chiesa Madre dei Cristiani – febbraio 2019

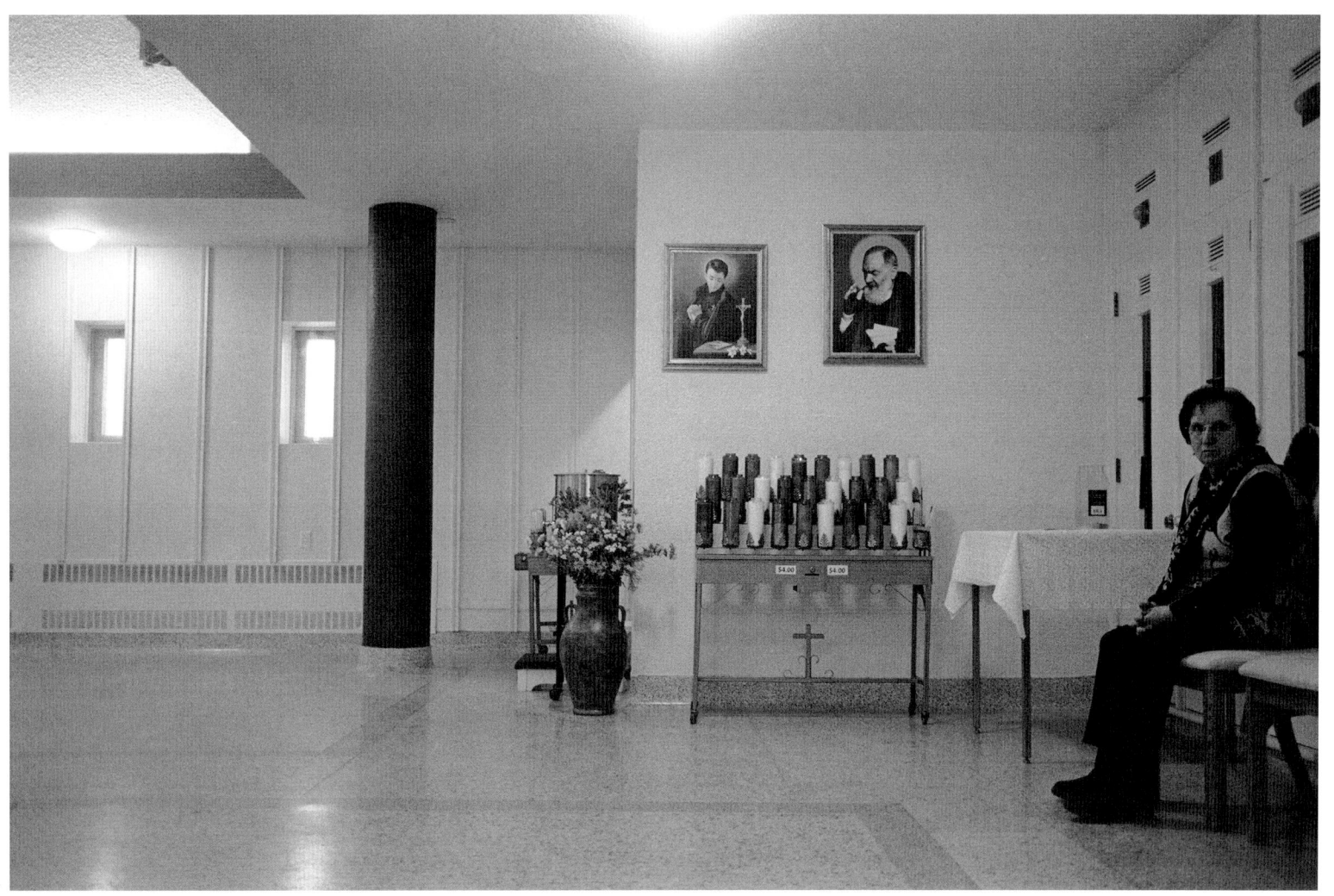

Chiesa Madonna del Divino Amore – febbraio 2019

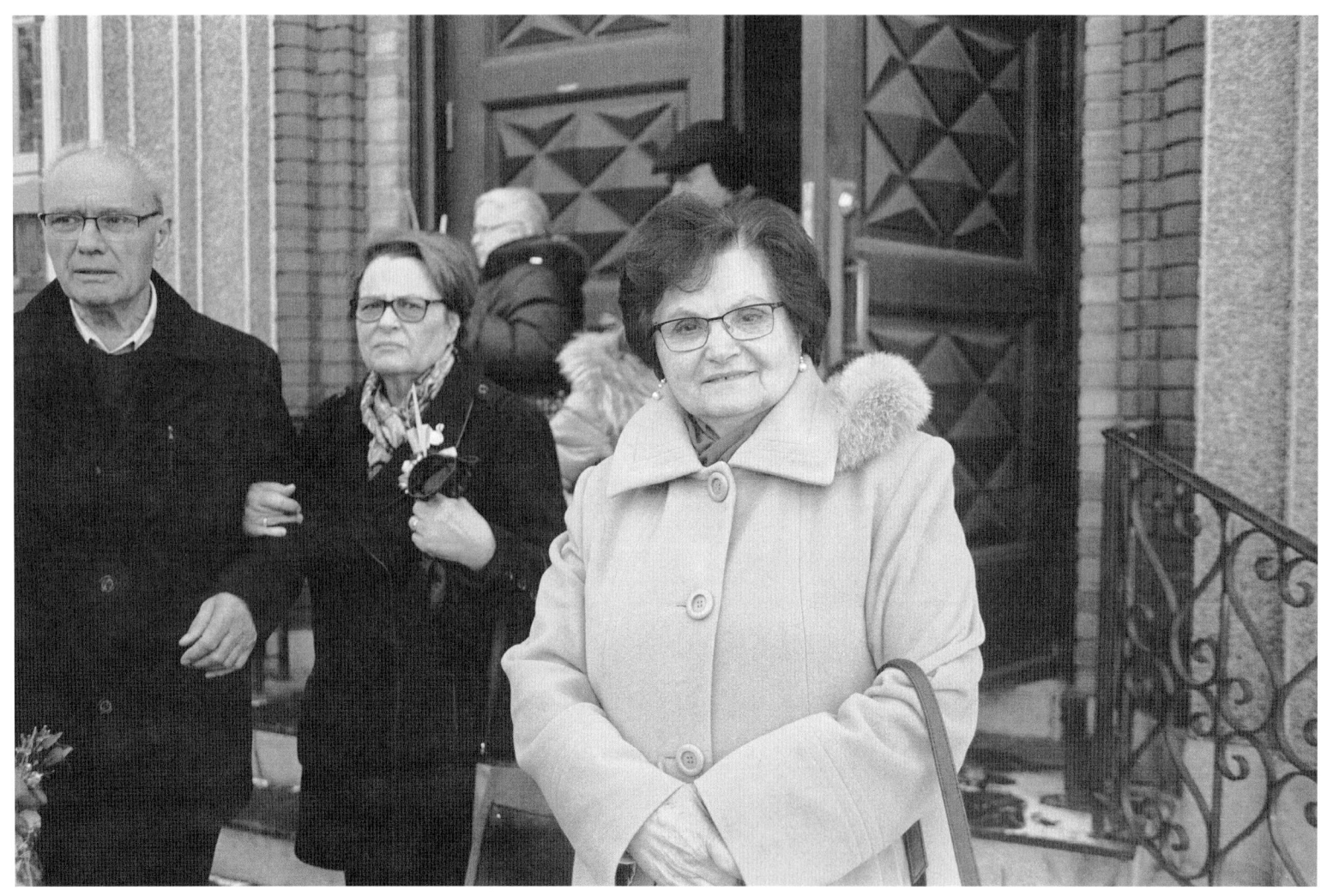

Chiesa Madonna della Difesa – aprile 2019

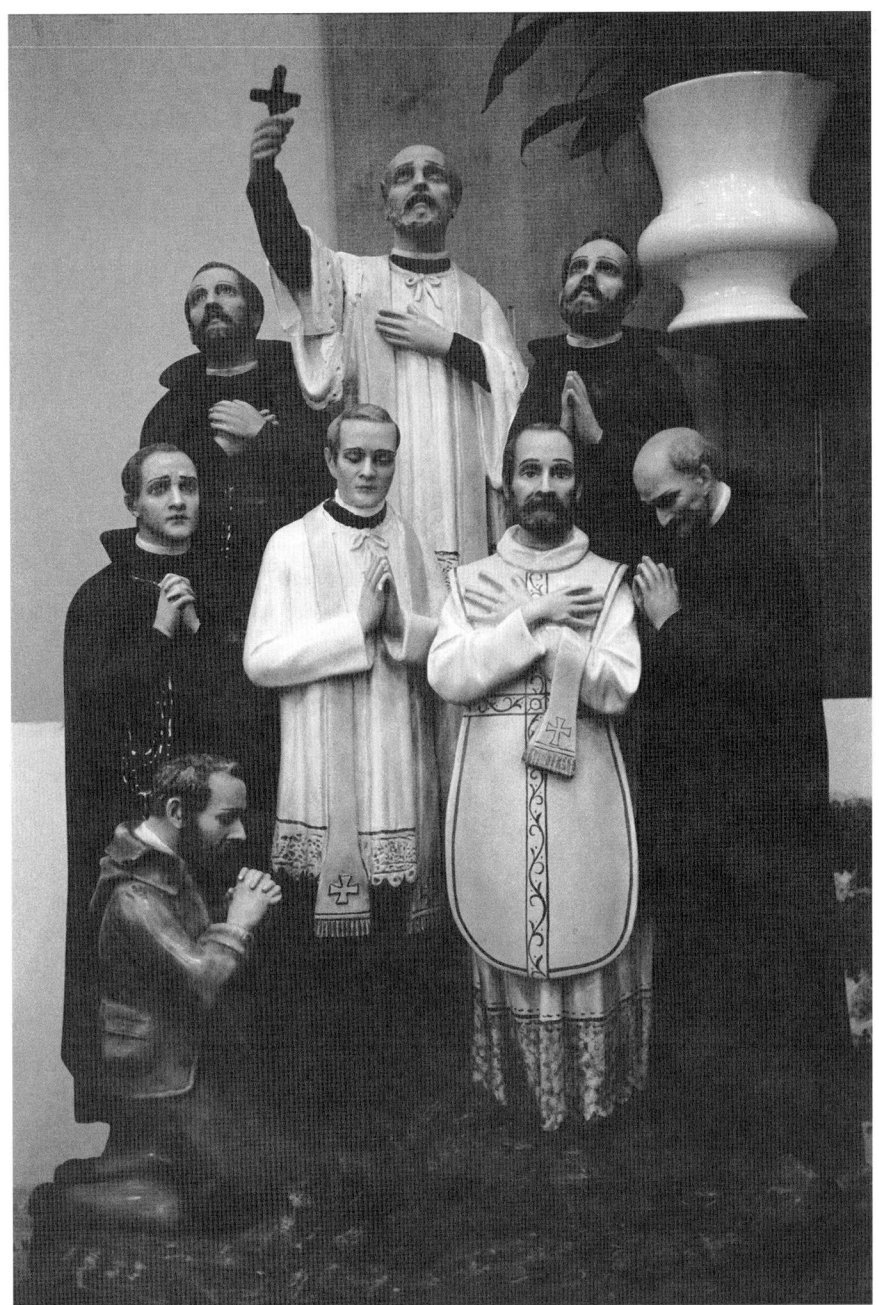

Chiesa Maria Ausiliatrice, cappella – novembre 2019

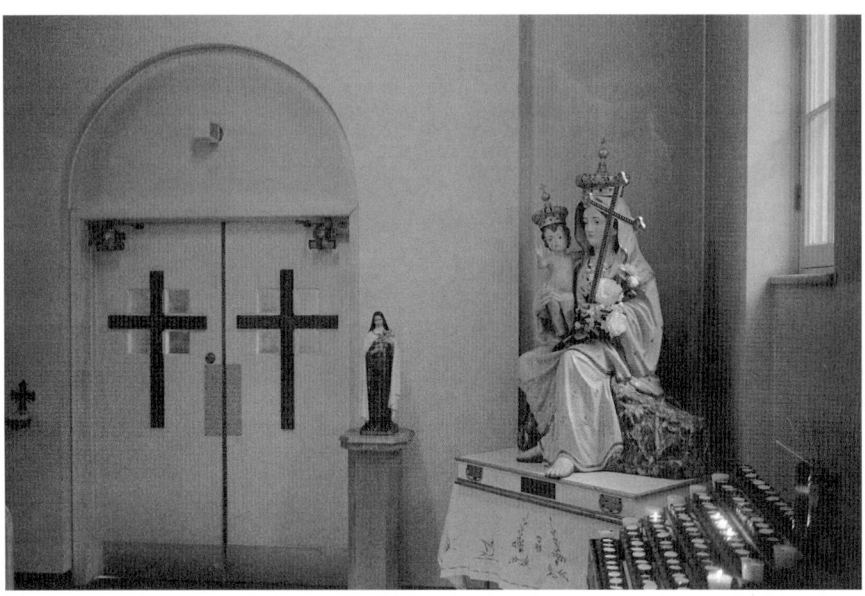

Statua di Maria Vergine – ottobre 2018

Chiesa Madonna della Difesa, cappella

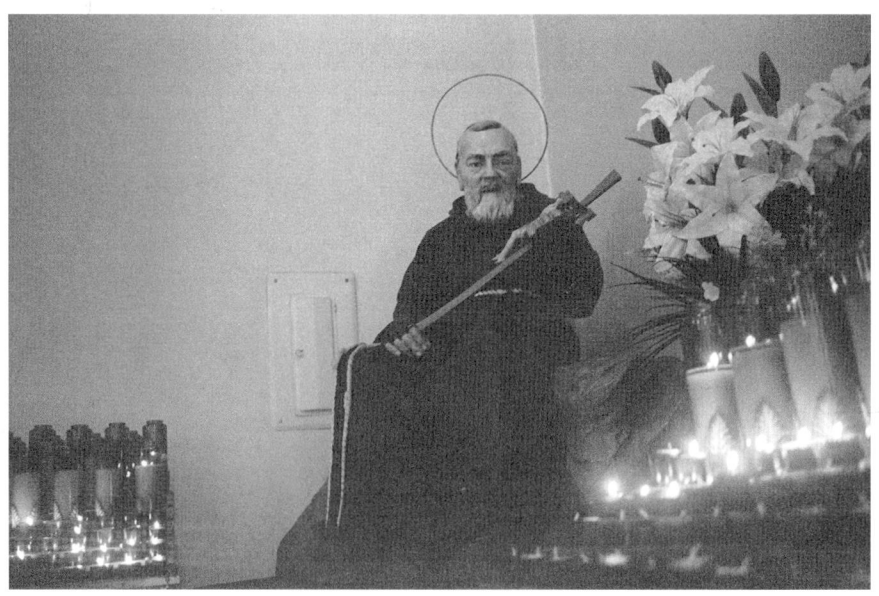

Statua di Padre Pio – ottobre 2018

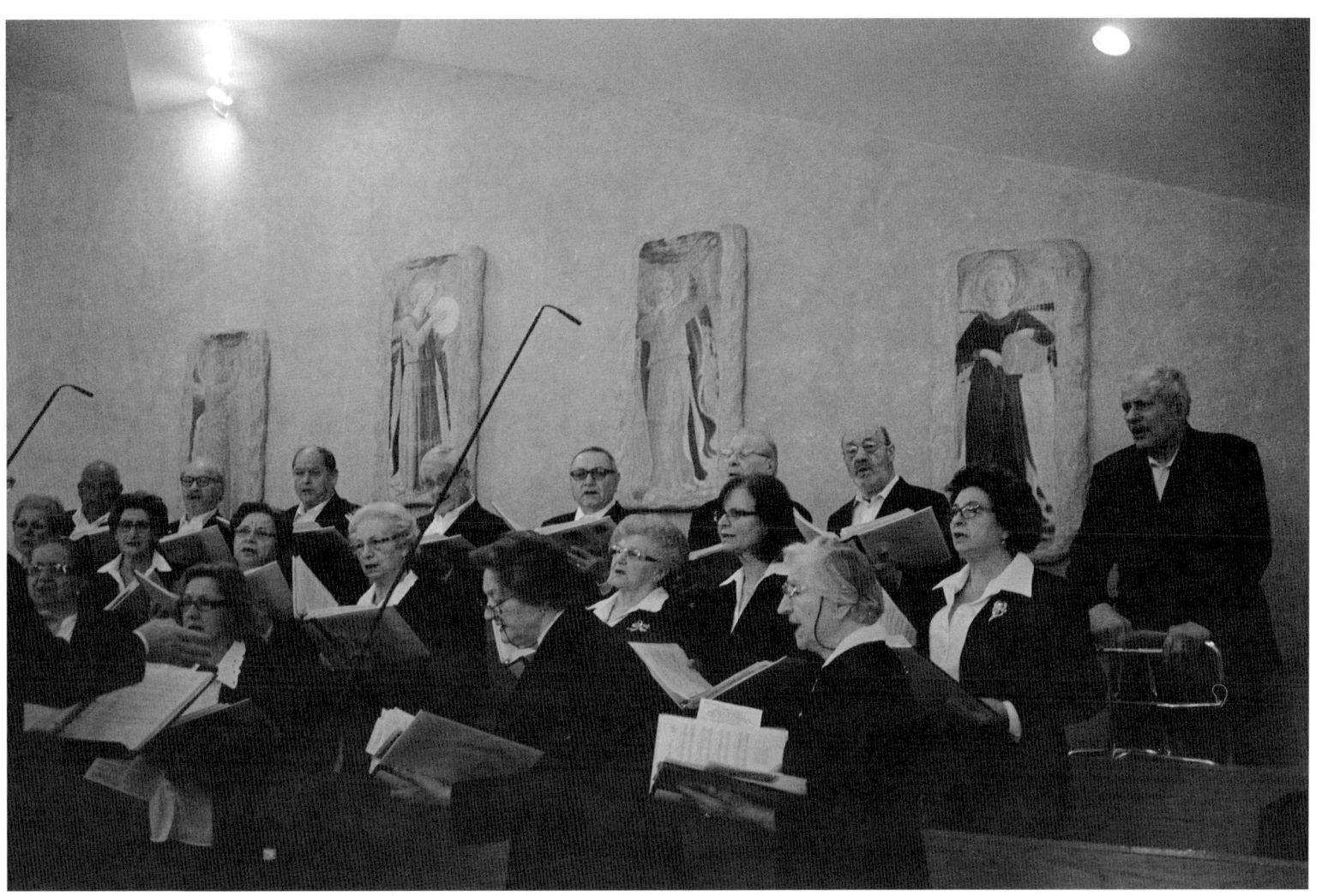

Chiesa Madonna del Monte Carmelo – marzo 2019

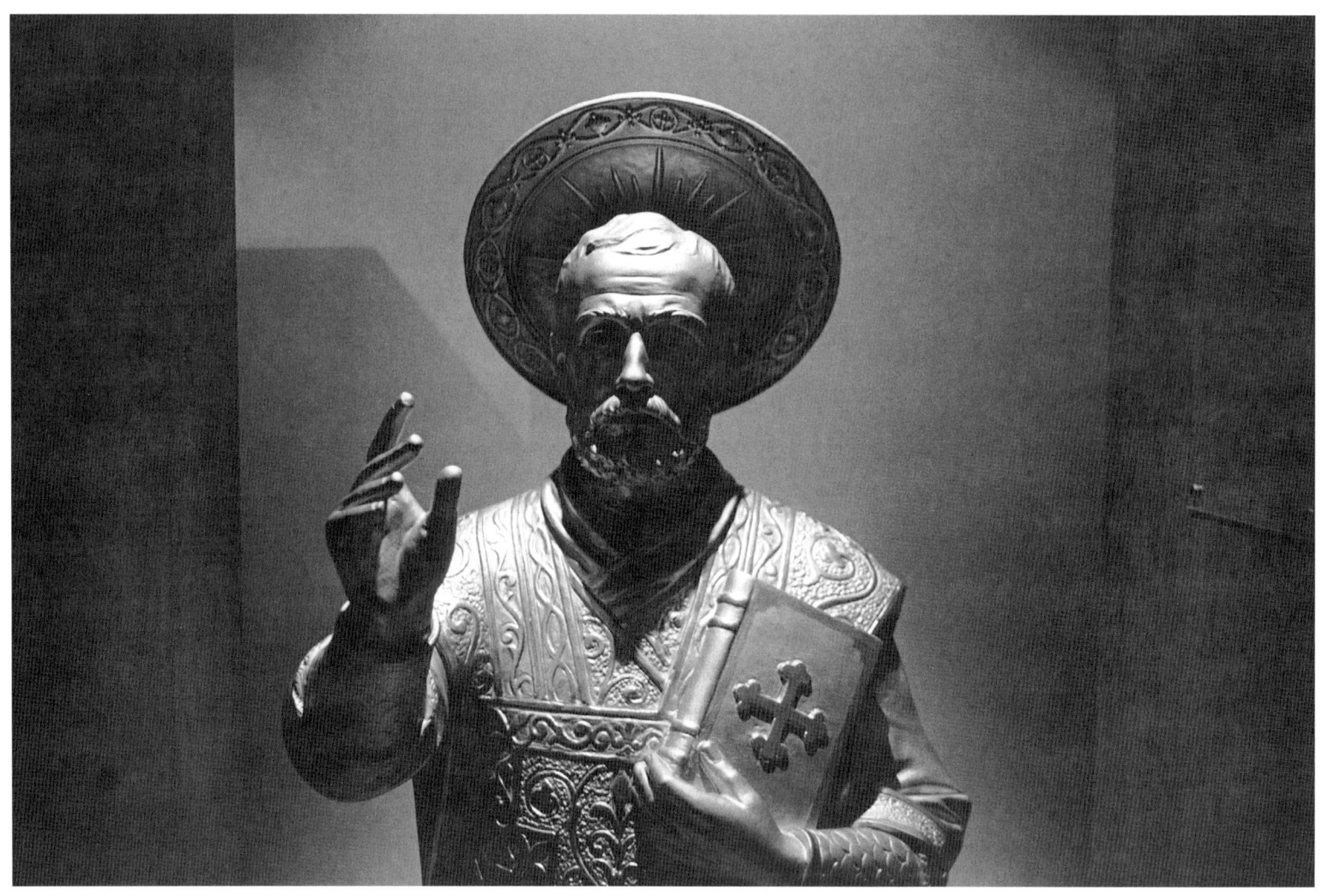

Chiesa Madonna di Pompei – maggio 2019

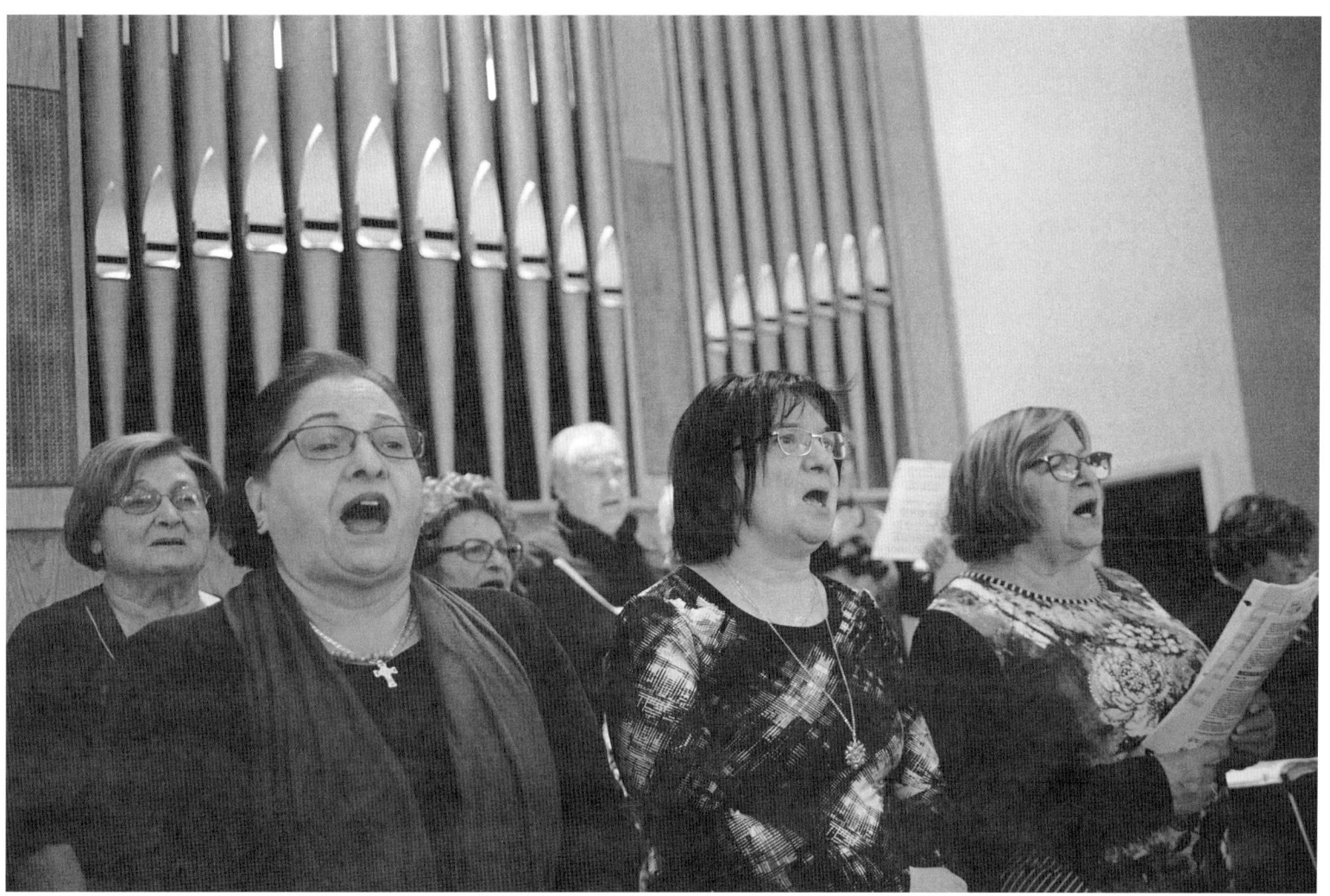

Chiesa Madonna di Pompei – maggio 2019

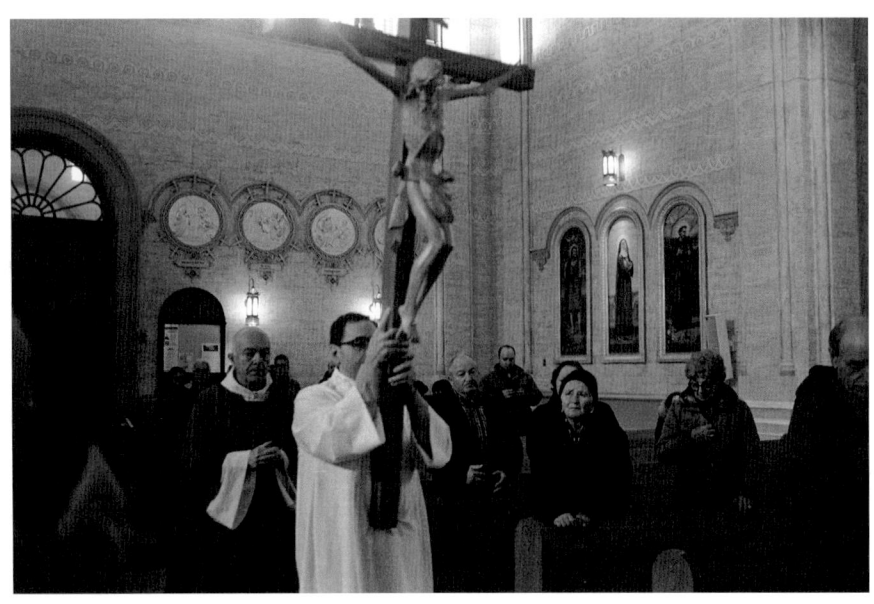

Chiesa Madonna della Difesa – aprile 2019

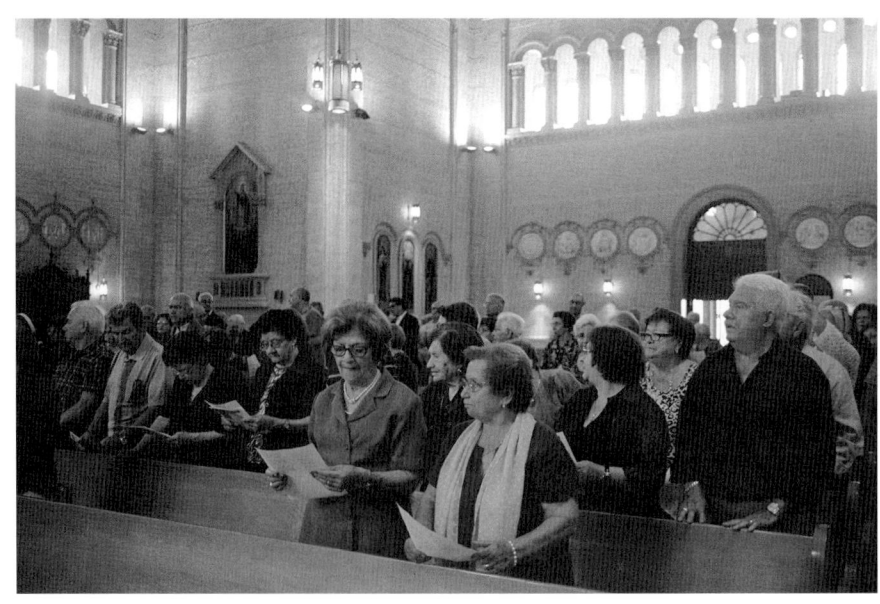

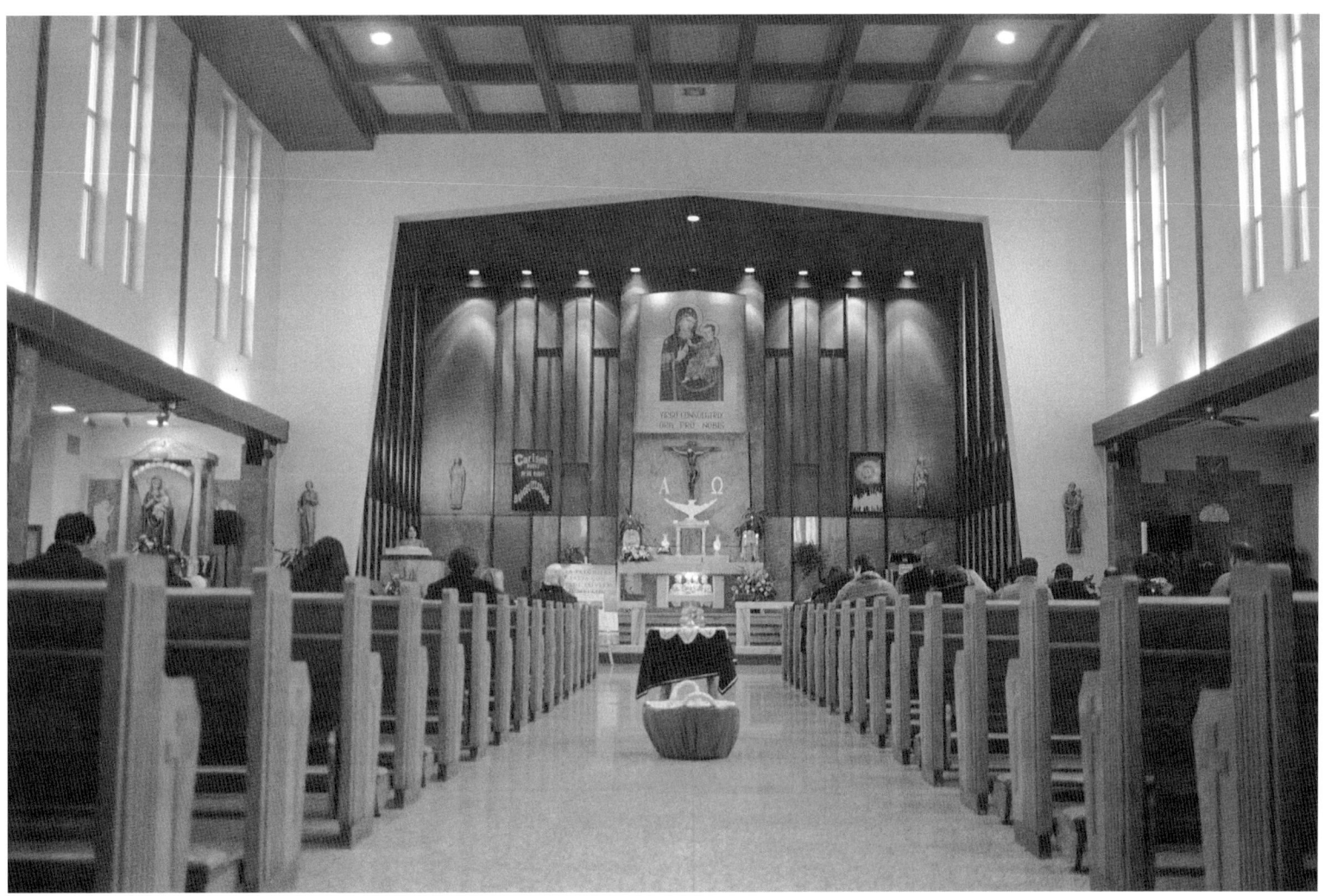

Chiesa Madonna della Consolata – dicembre 2018

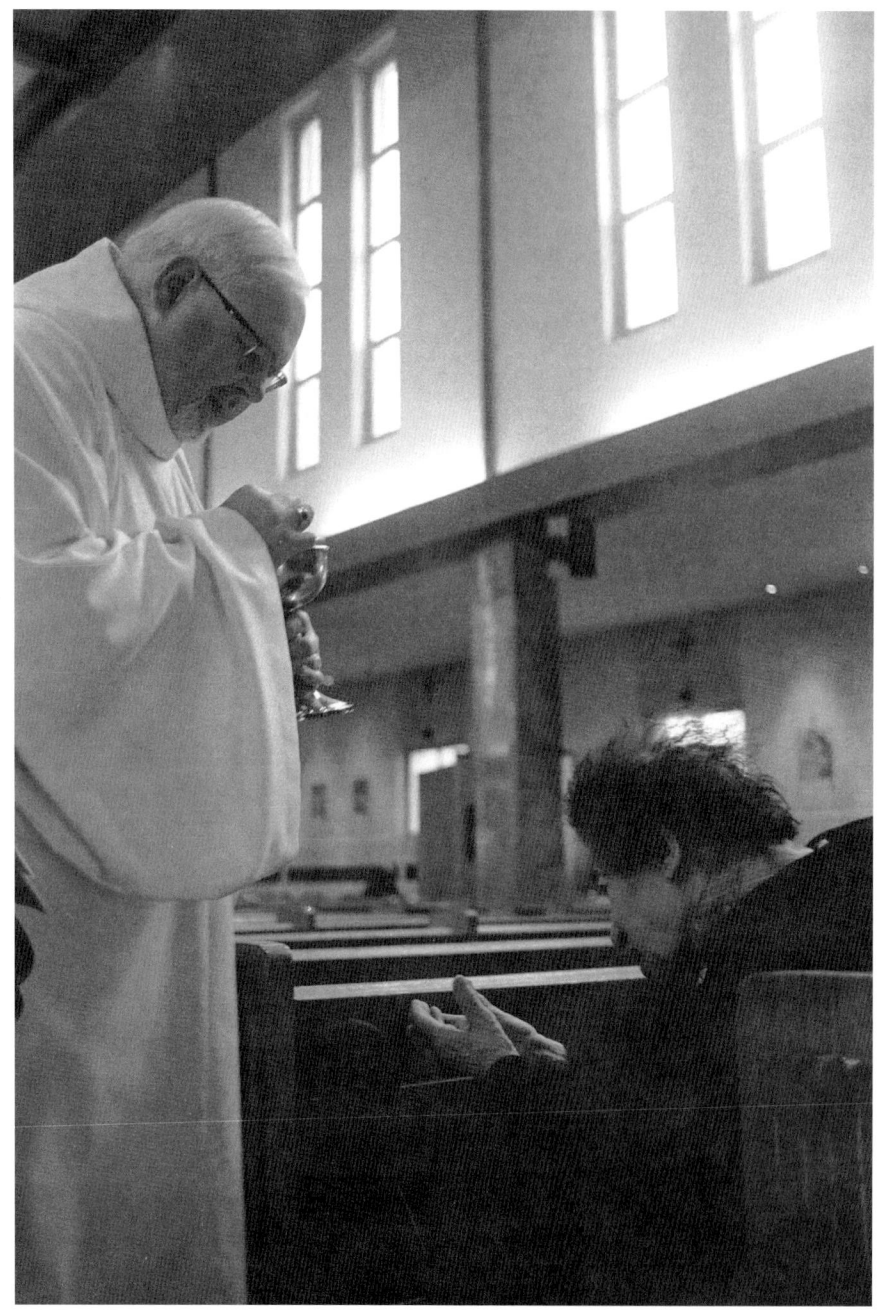

Chiesa Madonna della Consolata – dicembre 2018

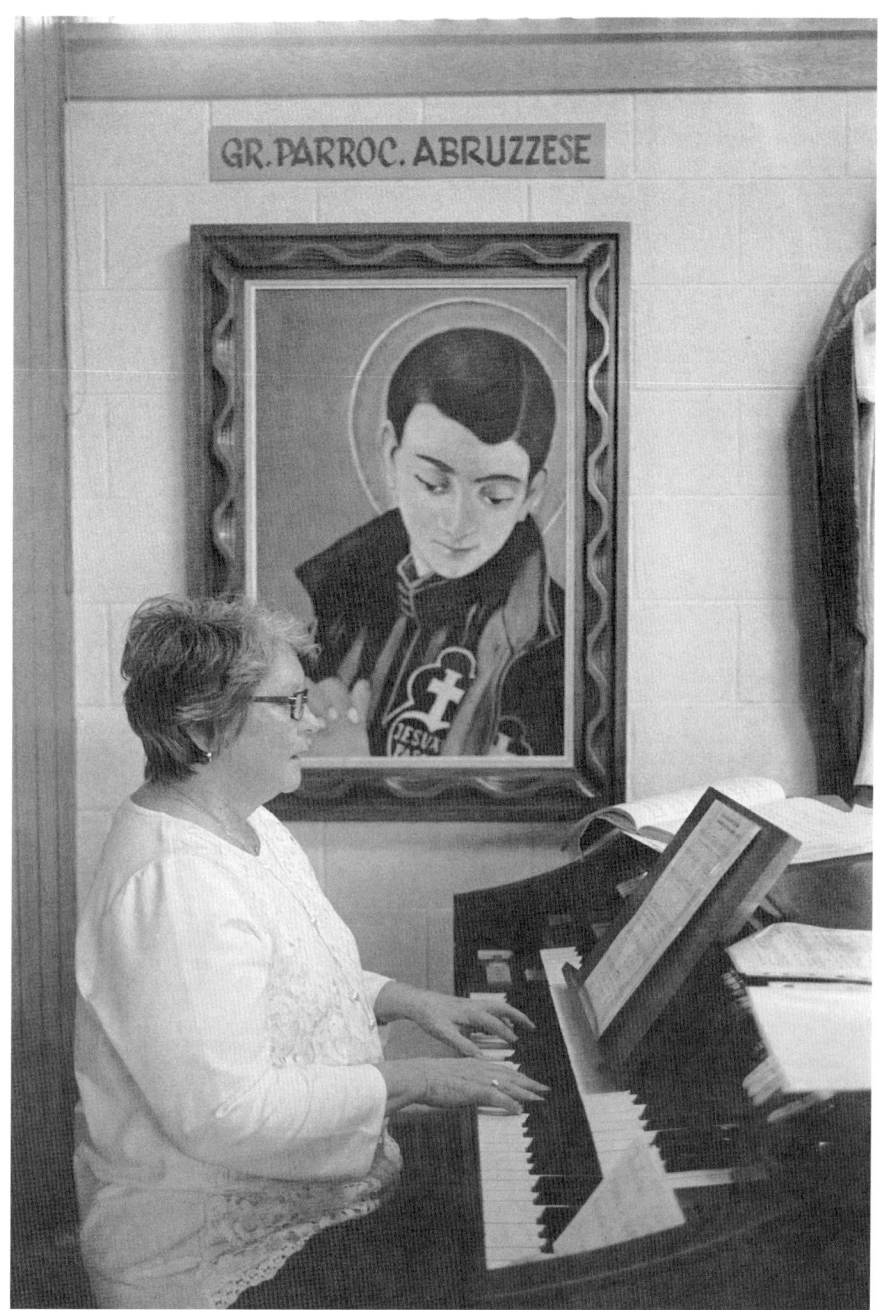

Chiesa San Domenico Savio – settembre 2019

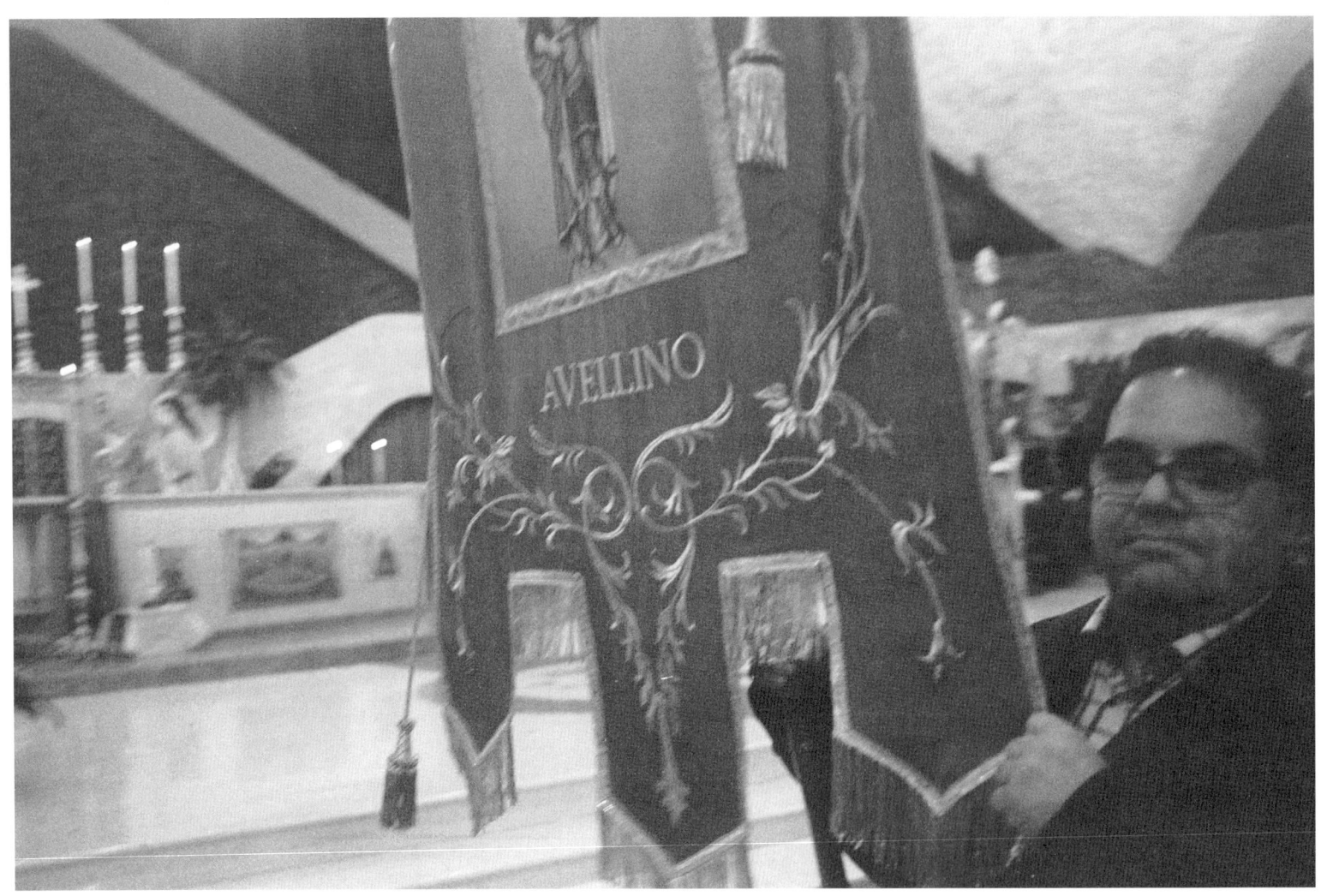

Chiesa Madonna di Pompei, festa San Francesco d'Assisi – ottobre 2019

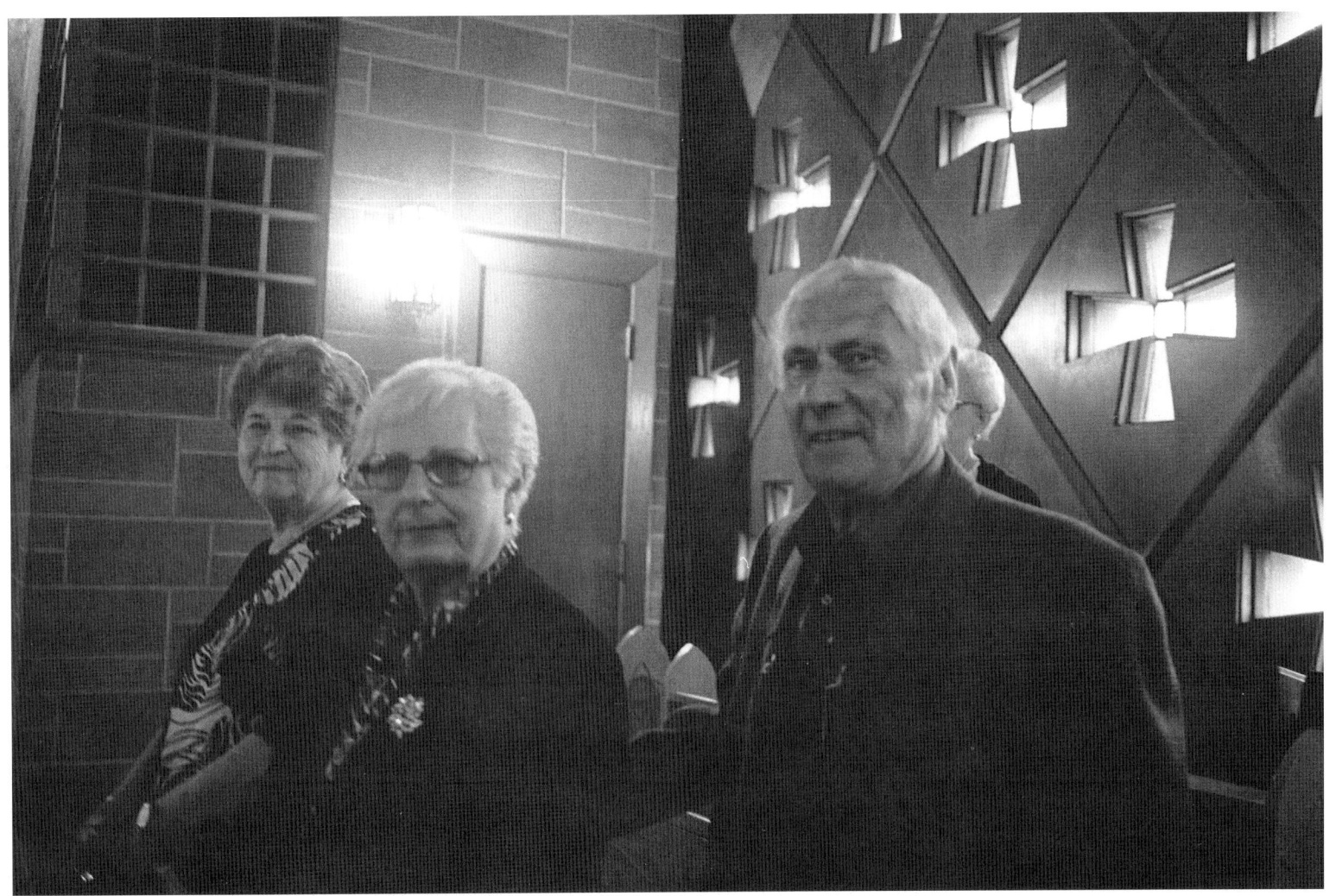

Chiesa dell'Annunziata – novembre 2019

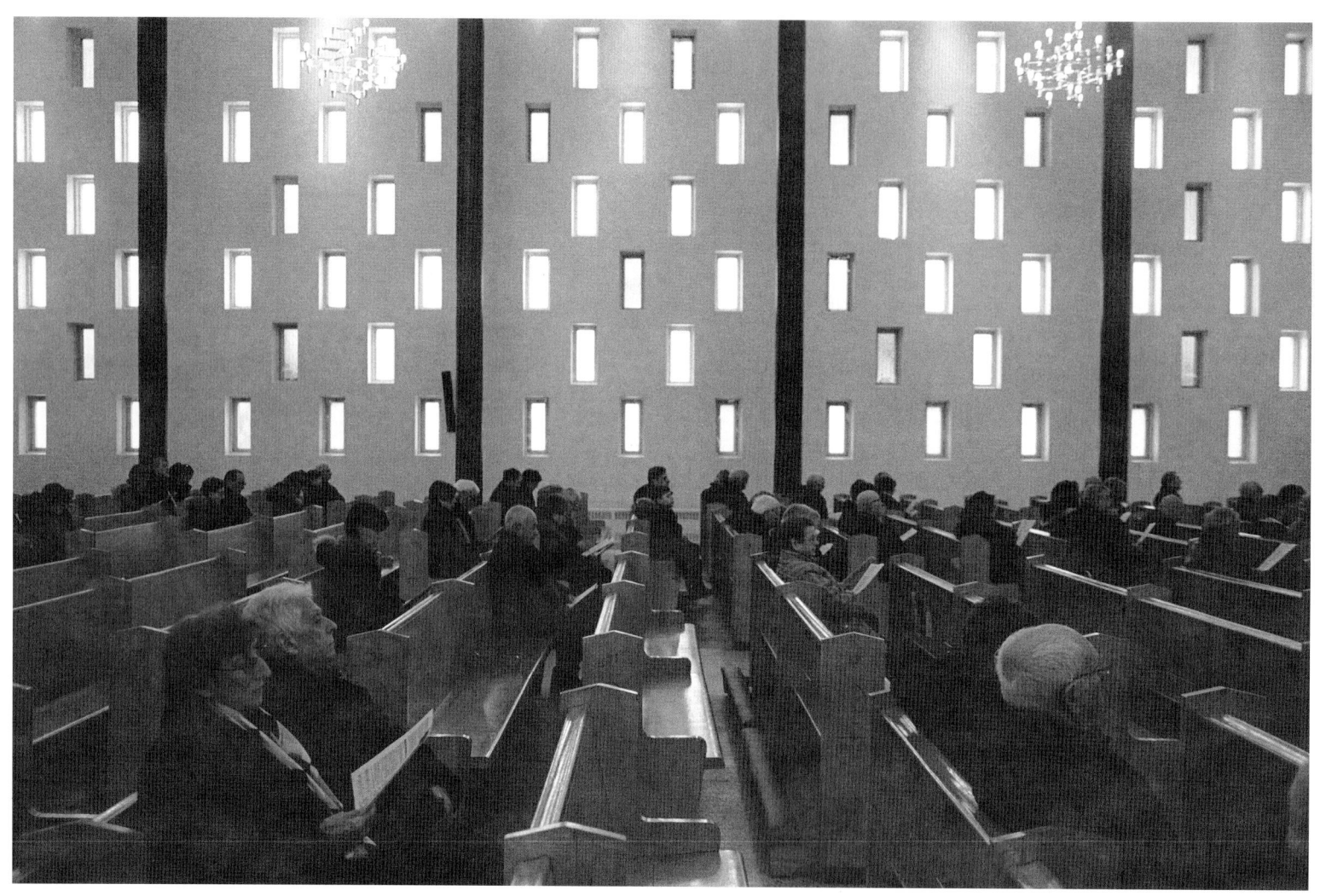

Chiesa Madonna del Divino Amore – marzo 2019

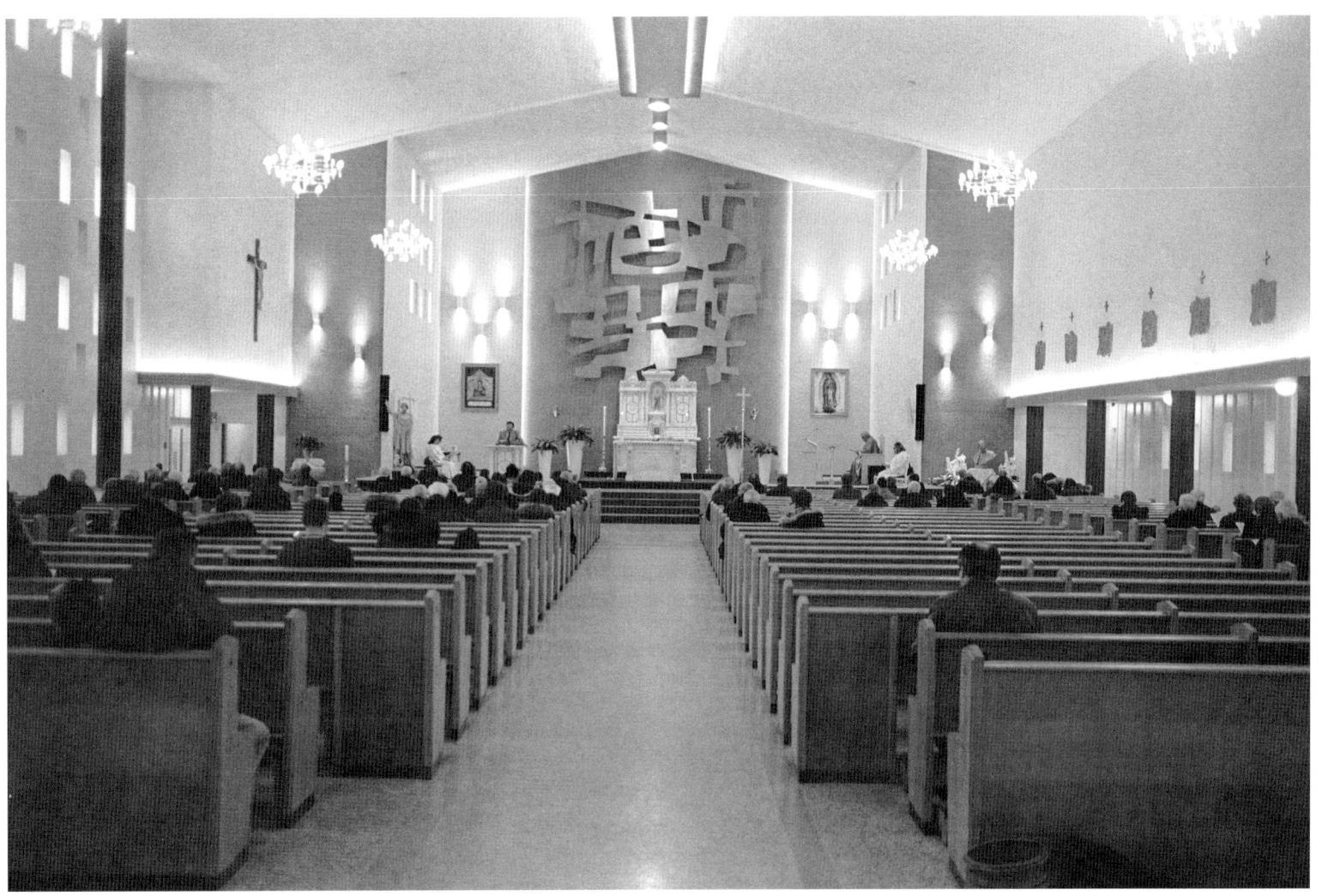

Chiesa Madonna del Divino Amore – marzo 2019

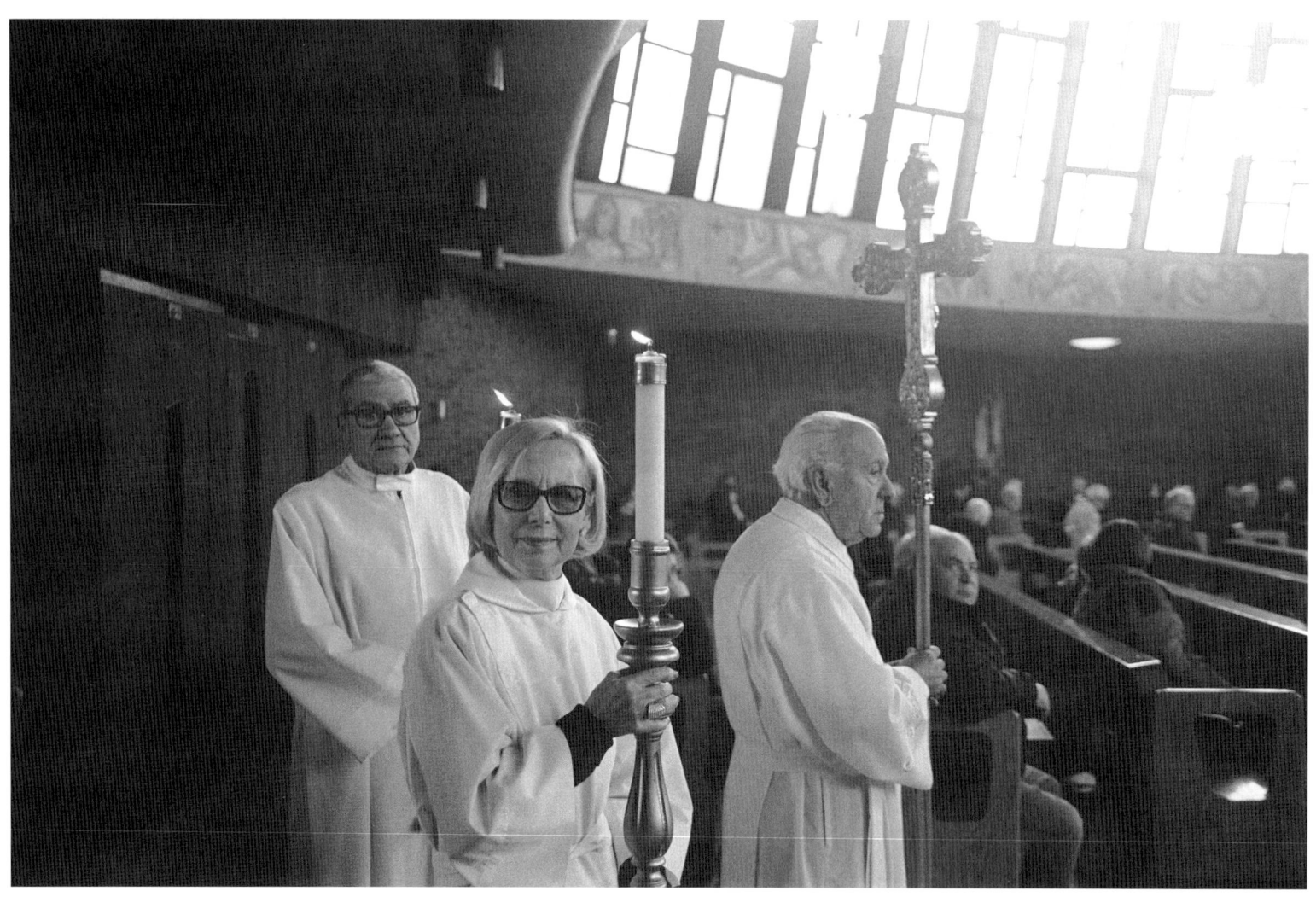

Chiesa Madonna di Pompei – ottobre 2019

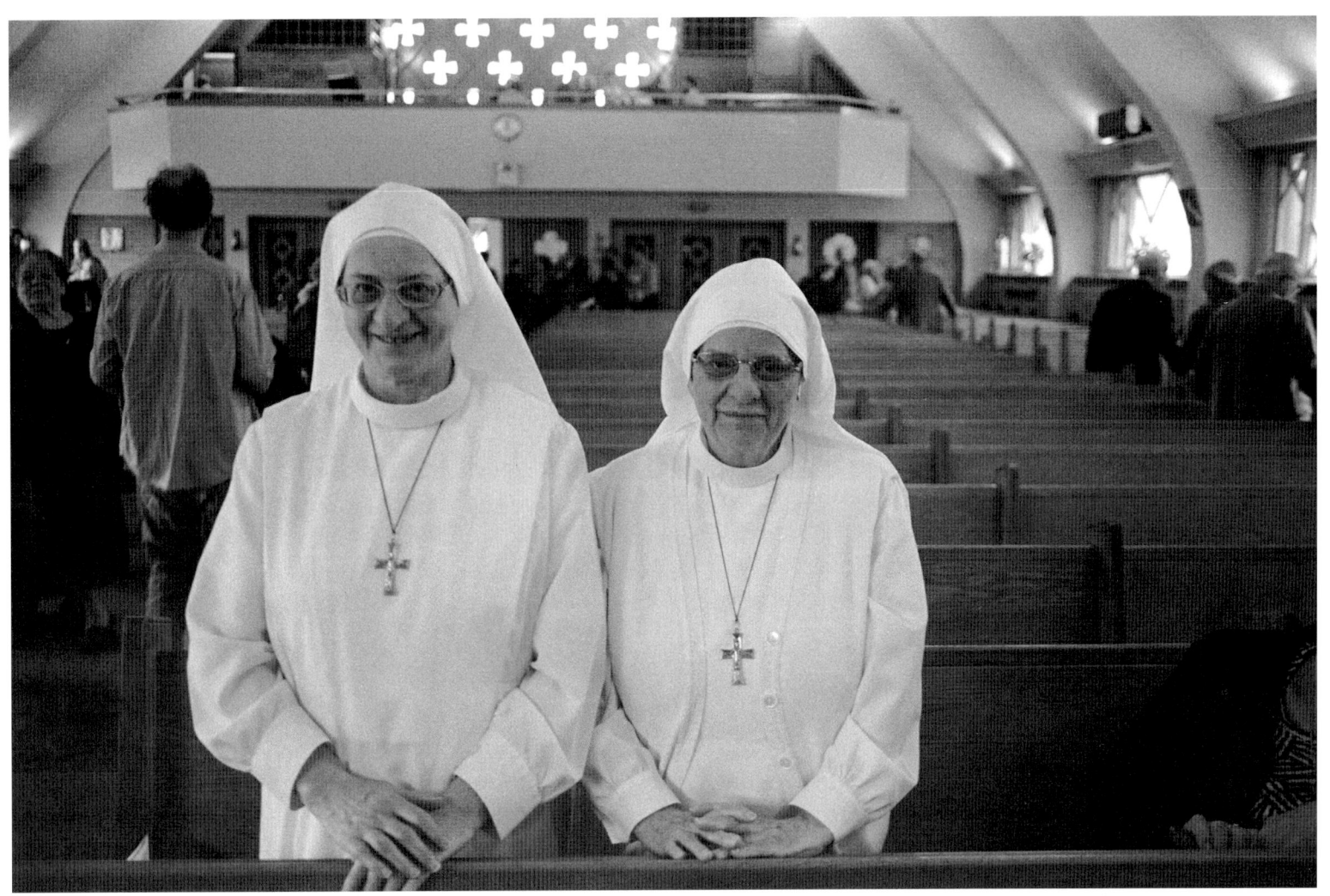

Chiesa dell'Annunziata – novembre 2019

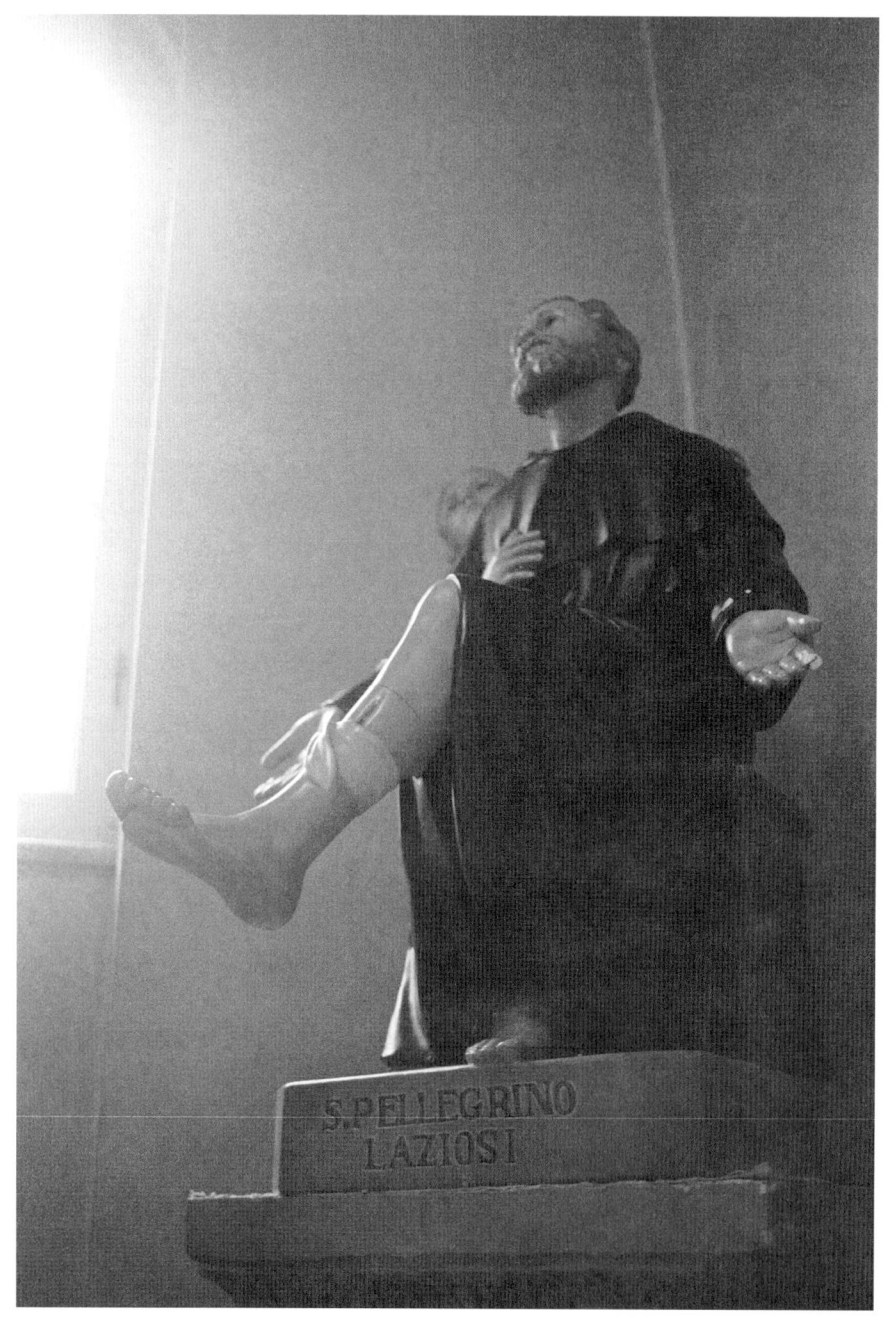

Chiesa Madonna della Difesa, cappella, san Pellegrino Laziosi – aprile 2019

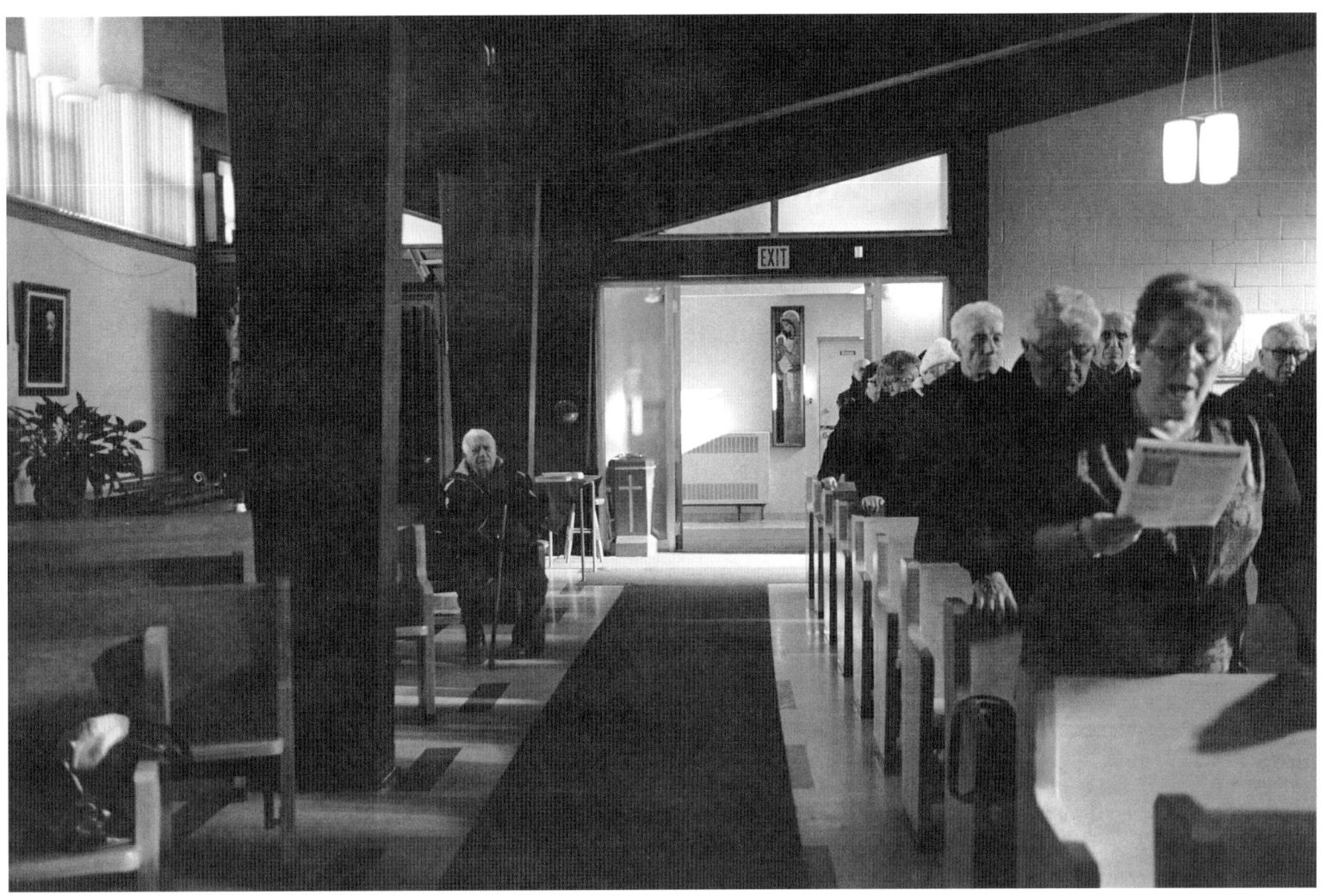

Chiesa San Domenico Savio – agosto 2019

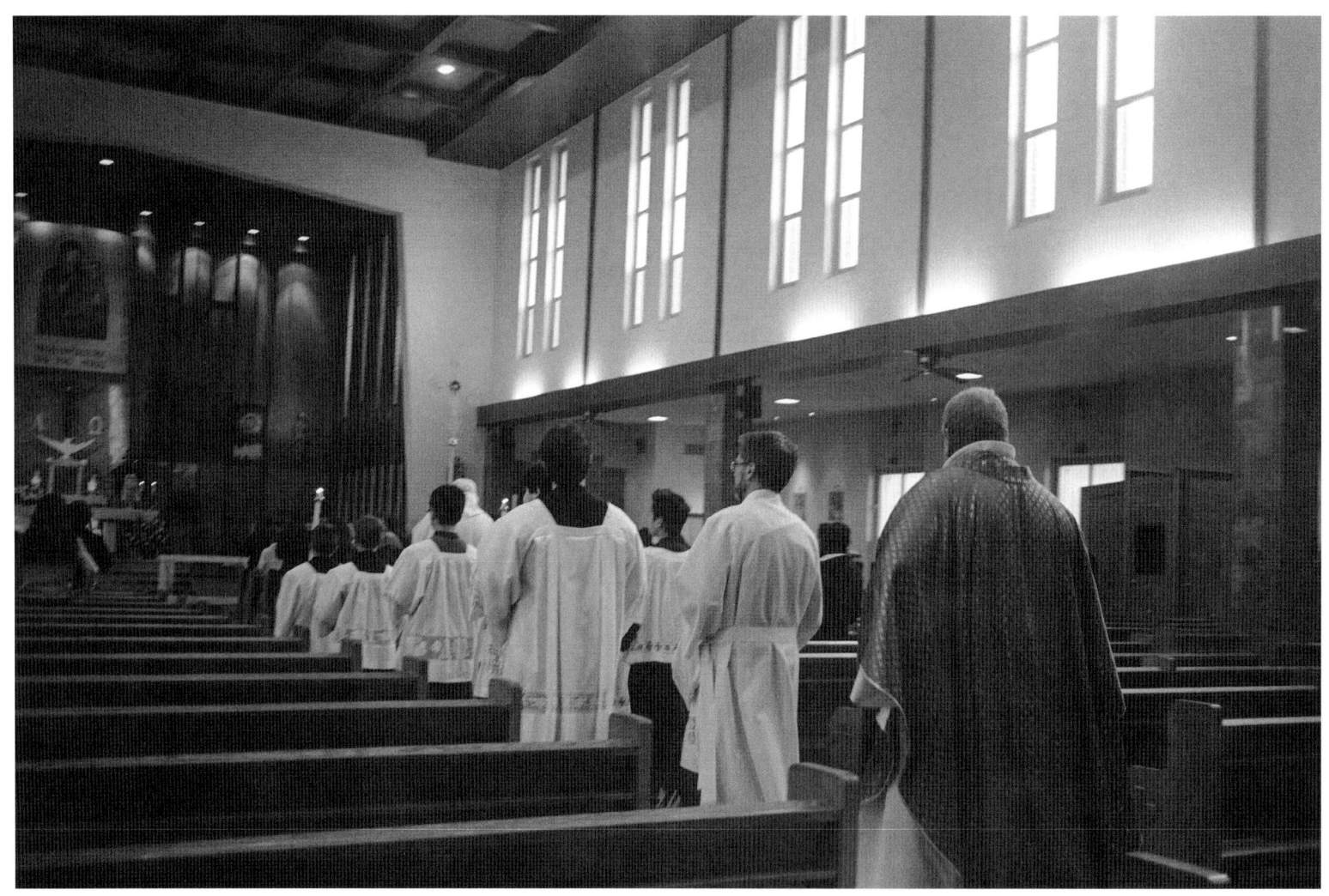

Chiesa Madonna della Consolata – dicembre 2018

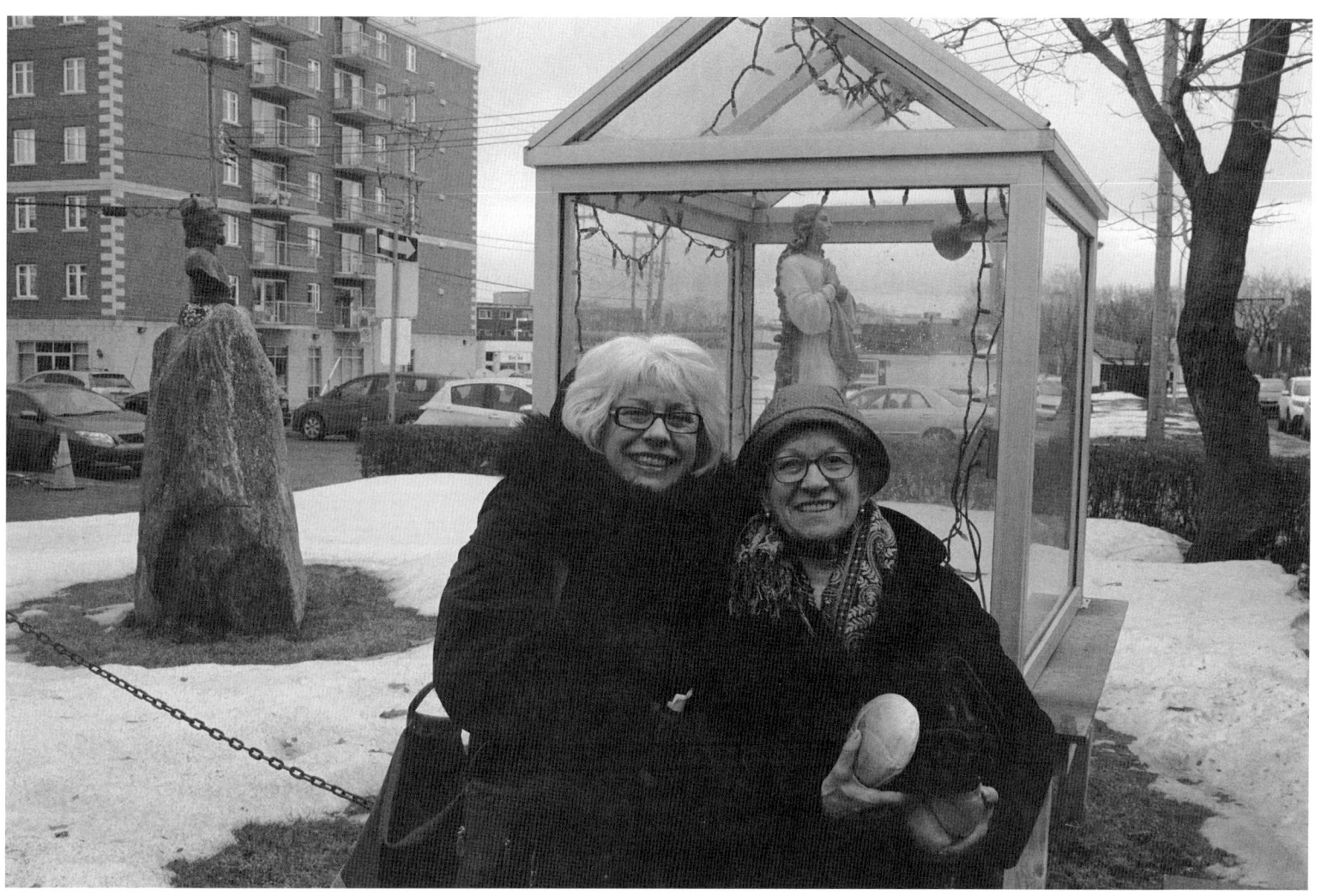

Chiesa Madonna del Monte Carmelo – marzo 2019

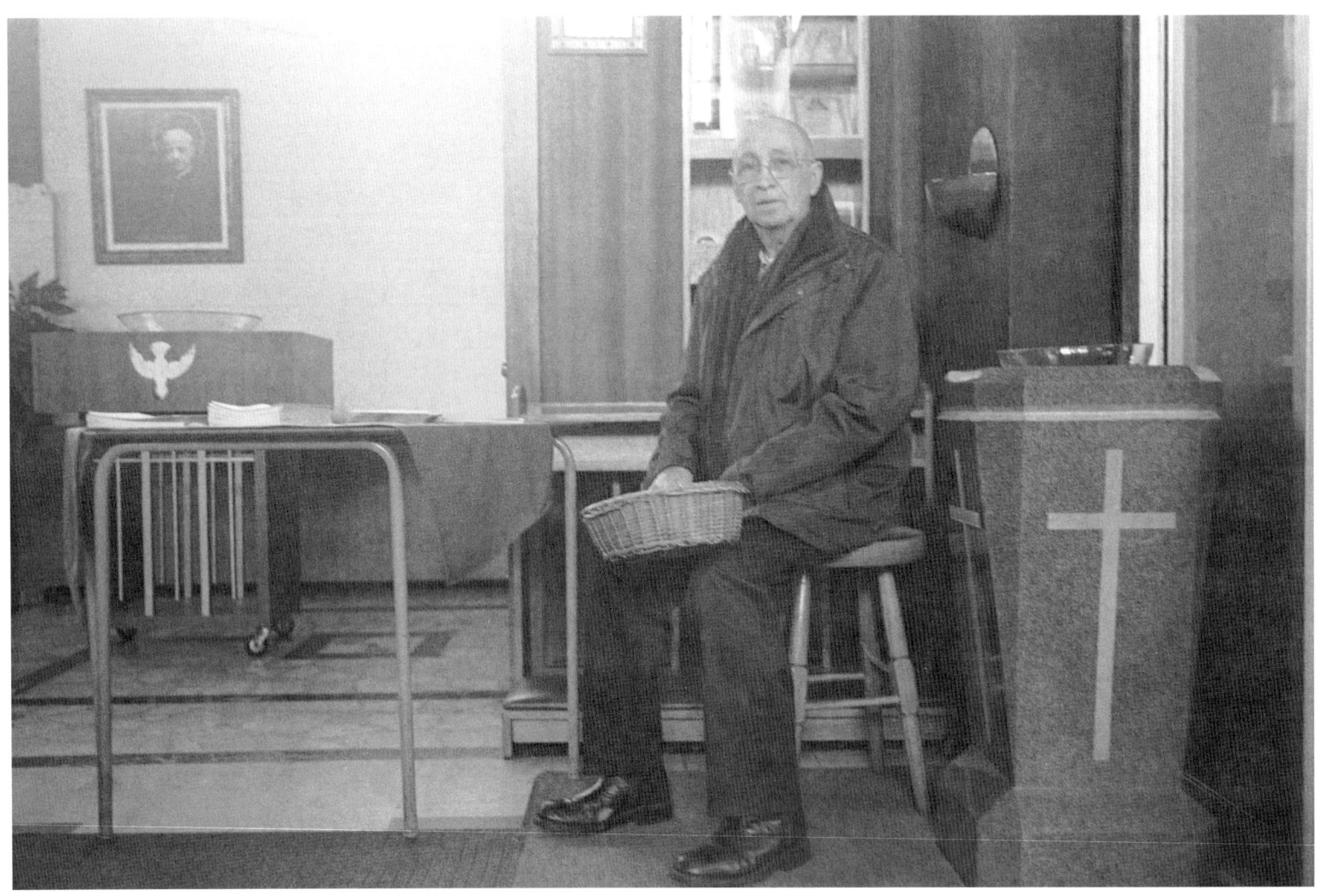

Chiesa San Domenico Savio – agosto 2019

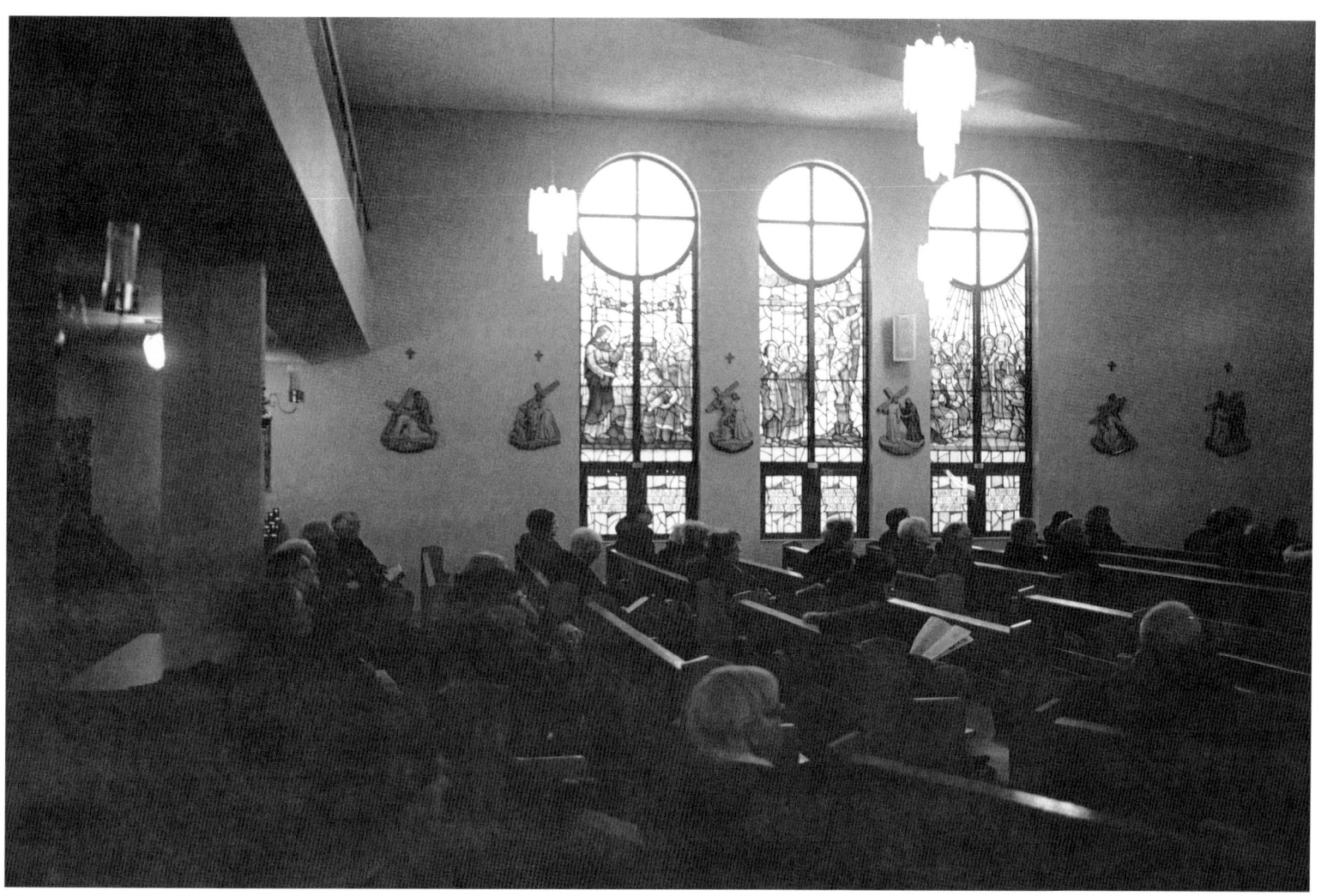

Chiesa Maria Ausiliatrice – novembre 2019

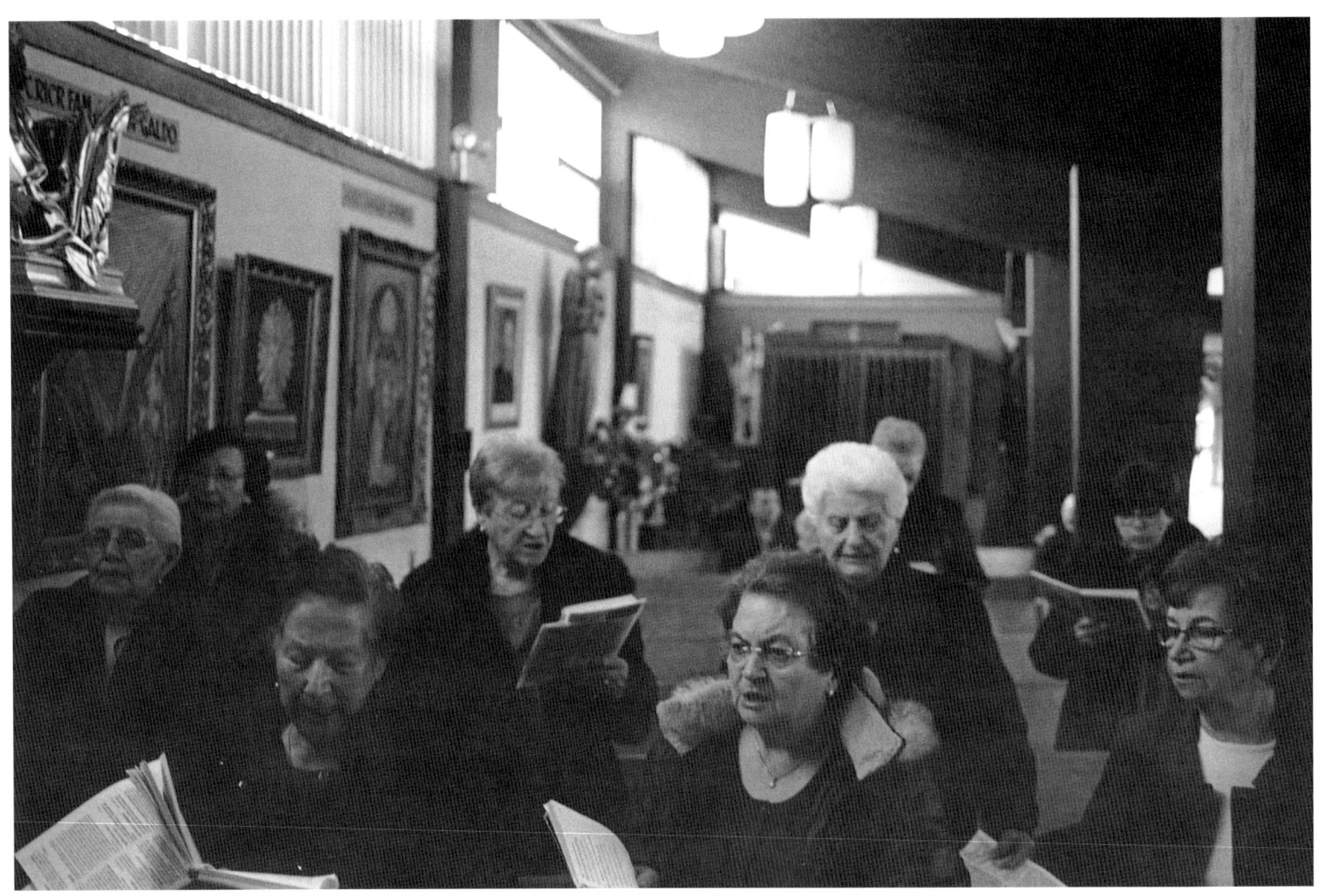

Chiesa San Domenico Savio – agosto 2019

Ringraziamenti

Ringrazio Bernadett per avermi sopportato durante le lunghe assenze, tutti quelli che ho incontrato e fotografato; Francesco per aver creduto in questa ricerca; Padre Fugolo per tutta la fiducia che ha sempre riposto in me; Guglielmo per l'amicizia e l'aiuto logistico; Connie per il bel volume, tutti gli autori dei testi per le loro belle parole. Ed infine ringrazio la mia famiglia, Reggio Emilia e l'Italia lontane, ma che da lontano mi ispirano sempre.

Andrea Paolella

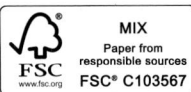 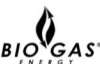